Ihr Kurs zur Kreuzfahrt-Karriere: Willkommen an Bord!

Herausgeber:

Daniela Fahr
Alexis Papathanassis
Petra C. Milde

Ihr Kurs zur Kreuzfahrt-Karriere:

Willkommen an Bord!

Leben und Arbeiten auf Kreuzfahrtschiffen

Praxis-Ratgeber, Nachschlagewerk, Tipps & Insider-Wissen
für Bewerbung, Einstieg & Karriere
auf Flüssen & Hochsee weltweit

FSC
www.fsc.org
MIX
Papier aus verantwortungsvollen Quellen
Paper from responsible sources
FSC® C105338

Bibliografische Information der Deutschen Nationalbibliothek
Die Deutsche Nationalbibliothek verzeichnet diese Publikation in der Deutschen Nationalbibliografie; detaillierte bibliografische Daten sind im Internet über http://dnb.d-nb.de abrufbar.

Herausgeber: Daniela Fahr, Prof. Dr. Alexis Papathanassis, Prof. Dr. Petra C. Milde

Umschlagdesign, Satz, Herstellung und Verlag:
BoD – Books on Demand
ISBN 978-3-8448-3603-5

Um Ihnen die Möglichkeit zu geben, weitere aktuelle Informationen zu unserem Buch und zum Alltag an Bord zu bekommen, bieten wir, die Firma Connect Worldwide Recruiting Agency, eine Homepage speziell zu diesem Buch an.

Auf dieser neuen Seite haben Sie die Möglichkeit, Erfahrungsberichte, Kochrezepte, Fotos und Videos einzustellen und unseren Newsletter zu bestellen. Ebenso werden die stattfindenden Taufen und Schiffsneubauten angekündigt.

Dies bietet Ihnen eine hervorragende Grundlage, Ihren Traum vom Arbeiten und Leben auf einem Kreuzfahrtschiff wahr werden zu lassen.

Schauen Sie doch einfach mal rein auf www.connect-willkommenanbord.de.

connect

Worldwide Recruiting Agency

„Die Welt ist ein Buch. Wer nie reist, sieht nur eine Seite davon. “

Augustinus von Hippo

Inhaltsverzeichnis

Vorwort

Kreuzfahrt: Job-Motor und Karriereleiter

Die Kreuzfahrtbranche ist seit den 1990er Jahren zu einem stetig wachsenden Berufsfeld mit riesigem Karrierepotenzial geworden. Auch in wirtschaftlich schwierigen Zeiten betreiben viele Reedereien aus den USA, Europa und auch Deutschland im Hochsee- und Flussbereich eine große Flotte schwimmender Luxushotels und geben auch weiterhin zahlreiche Neubauten in Auftrag, die teilweise über 4.000 Passagieren Platz bieten und damit jeweils fast 2.000 Arbeitsplätze schaffen.

Daher besteht vor allem in den westeuropäischen und deutschsprachigen Ländern auf zahlreichen Berufsfeldern hoher Bedarf: Köche, Bäcker, Konditoren, Kellner, Sommeliers, Barkeeper, Zimmerservicekräfte oder Rezeptionisten werden dringend benötigt und teilweise auch sehr kurzfristig gesucht.

Damit öffnen sich nicht nur umfangreiche und vielfältige Arbeitsmöglichkeiten mit durchaus überdurchschnittlichem Verdienst, sondern auch Aufstiegs- und Karrierechancen für diejenigen, die mit Disziplin und Durchhaltevermögen dabeibleiben.

Ferner ist der allgemeine Wellness-Boom der letzten Jahre auch auf die Kreuzfahrtschiffe „übergeschwappt" und bietet in den Spa-Bereichen sowohl auf den großen Kreuzfahrtschiffen als auch auf vielen kleineren Flussschiffen zum Beispiel Fitnesstrainern, Masseuren, Kosmetikern oder Friseuren neue, interessante Betätigungsmöglichkeiten.

Gerade auf den großen europäischen und vor allem den amerikanischen Kreuzfahrtschiffen gibt es außerdem zahlreiche Jobs für Entertainment, Shops, Casino und Kinderbetreuung wie zum Beispiel Animateur, Sänger, Tänzer, Visagist, Licht- und Tontechniker, Verkäufer, Casinomitarbeiter, Erzieher und Kindergärtner.

Zur Frage jedoch, wie man erfolgreich den Weg zu einem dieser vielen interessanten Jobs findet, gibt es auf dem deutschsprachigen Markt bisher keinen so umfassenden, detaillierten und aktuellen Ratgeber wie das vorliegende Buch. Durch die Initiative von Daniela Fahr und der Agentur **Connect Worldwide Recruiting Agency** (Bremerhaven) mit ihrer langjährigen Erfahrung bei der Vermittlung von Cruise Jobs sind hier in Zusammenarbeit mit der **Hochschule Bremerhaven** (CIM – Cruise Industry Management) ganz neue Maßstäbe gesetzt worden.

Da sich das berufliche und private Leben an Bord sehr stark vom Alltag an Land unterscheidet (kulturelle Unterschiede, teilweise 60 verschiedene Nationalitäten, Leben und Arbeiten auf engstem Raum, wenig Privatsphäre, lange Abwesenheit von zu Hause, Klimawechsel), ist es sehr ratsam, sich hierüber vorab die wichtigsten Informationen zu beschaffen und sich entsprechend vorzubereiten. Hierbei soll Ihnen dieses Buch mit wertvollen und nützlichen Ratschlägen und Empfehlungen aus der Praxis zur Seite stehen.

Die erfolgreiche Arbeit an Bord beginnt ja bereits mit der Frage, welche der vielen Reedereien oder Schiffe die richtige oder das passendste für Sie ist. Darauf aufbauend muss die Bewerbung formal korrekt (zum Beispiel auf Englisch oder Deutsch) und mit den notwendigen Anlagen erstellt werden und an die richtige Stelle geschickt werden. Auf welche Inhalte kommt es im Bewerbungsgespräch an, wie kann ich mich vorbereiten? Welche Vorbereitungen müssen nach einem erfolgreichen Interview getroffen werden, um aufs Schiff zu kommen (Visa, medizinische Checks, Führungszeugnis, Reisepass, Seefahrtsbuch, Uniformen u. a.)? Was ist für die Dauer des Jobs an Bord zu Hause zu regeln (Wohnung, Auto, Versicherungen, Bank u. a.)? Was ist für ein gutes Zusammenleben an Bord wichtig? Welche Möglichkeiten und Hilfestellungen gibt es für die Karriere auf See? Und wie kann der Berufsweg nach Beendigung der Arbeit auf See aussehen?

Die Antworten auf diese und viele weitere Fragen gibt Ihnen die Gründerin und Chefin der Agentur Connect, die selbst mehrere Jahre auf Hochsee- und Flusskreuzfahrtschiffen gearbeitet hat und seit 2000 ihre Agentur führt. Zudem finden Sie viele praxisbezogene Informationen, mit Erfahrungsberichten von ehemaligen Crew-Mitgliedern und Interviews mit Vertretern der Kreuzfahrtindustrie.

Zum Zeitpunkt der Niederschrift dieses Buches waren die genannten Adressen aktuell und überzeugten als dienliche Informationsquellen. In schnelllebigen Zeiten des Datenverkehrs kann für die Inhalte der angegebenen Internetadressen und deren Richtigkeit keine Verantwortung übernommen werden. Es ist immer damit zu rechnen, dass Internetdomains nur für eine bestimmte Dauer gültig sind und Adressen entweder nicht unendlich abrufbar sind oder von anderen Betreibern übernommen wurden. Für all diese fremden Inhalte und deren Richtigkeit wird keine Gewähr übernommen und jede Haftung ist ausgeschlossen. Aktuelle Informationen finden Sie auf: www.connect-willkommenanbord.de.

Aus Gründen der einfacheren und besseren Lesbarkeit wird in diesem Buch bei den Geschlechterbezeichnungen hauptsächlich die männliche Form benutzt. Selbstverständlich schließt dies stets auch Frauen mit ein.

Ebenso gilt, dass unter Verwendung des Wortes „Kreuzfahrtschiff" generell folgende Arten von Schiffen mit eingeschlossen sind:
Flusskreuzfahrtschiffe, Hochseekreuzfahrtschiffe und Privatyachten. Sollte sich eine Information nur auf eine bestimmte Schiffsart beziehen, wird dies erwähnt.

Wir wünschen Ihnen viel Spaß beim Lesen und viel Erfolg mit Ihrem Job an Bord.

Daniela Fahr, Gründerin und Geschäftsführerin der Connect Worldwide Recruiting Agency, Bremerhaven

Prof. Dr. Alexis Papathanassis, Hochschule Bremerhaven

Prof. Dr. Petra C. Milde, Hochschule Bremerhaven

Studiengang „Cruise Industry Management" der Hochschule Bremerhaven:

Meike Döscher-Mehrtens

Yvonne Kirmse

Kristina Krüger

Verena Raether

Jemimah Römeth

Maike Sandig

Paulina Ziaja

Sandra Geröly, Absolventin der Hochschule Bremen, Überarbeitung der Endversion

Biographie Daniela Fahr

Lebenslauf und der Weg zur eigenen Firma

Nach dem Abitur und einer Ausbildung zur Hotelfachfrau im Maritim Hotel (Timmendorfer Strand) bin ich für ein knappes Jahr in die USA gegangen, um in Palm Beach und in Philadelphia jeweils ein Praktikum in einem Hotel zu machen.

Von dort aus habe ich mich um eine Stelle auf einem Kreuzfahrtschiff beworben und 1991 auf meinem ersten amerikanischen Kreuzfahrtschiff der Reederei Regency Cruises mit knapp 1.000 Passagieren angeheuert. Die Position war an der Rezeption und nannte sich 3. Purser, also eine Einstiegsposition an Bord. Nach ca. sieben Monaten wurde ich zum 2. Purser befördert, und nach neun Monaten war der erste Vertrag an Bord zu Ende.

Danach wurde mir eine Position als Chief Purser bei einer anderen Fünf-Sterne-Reederei angeboten (Renaissance Cruises). Diese Schiffe hatten eine maximale Passagieranzahl von 114 Personen. Für diese Reederei fuhr ich mehrere Verträge für insgesamt ca. zwei Jahre.

Danach wurde mir eine Stelle als Chief Purser auf dem damals größten und modernsten Fünf-Sterne-Flusskreuzfahrtschiff der Reederei Peter Deilmann angeboten. Angestellt war ich bei der italienischen Catering Company Ligabue, mit Sitz in Venedig, die für das Personal und Catering der Schiffe der Reederei Peter Deilmann verantwortlich war.

Mitte der Saison 1994 wurde ich vom Schiff in das Mainoffice geholt, wo es um den Aufbau eines zentralen Personalbüros der Firma Ligabue ging. Von 1994 bis Anfang 2000 war ich bei Ligabue mitverantwortlich für die Auswahl und Einstellung des Personals für die Peter-Deilmann-Flotte, wozu auch das Vier-Sterne-Schiff MS Berlin – das „Traumschiff" aus der gleichnamigen Fernsehserie – und das Fünf-Sterne-Schiff MS Deutschland gehören.

Im Jahr 2000 habe ich mich dann entschlossen, meine eigene Agentur *Connect Worldwide Recruiting Agency* für die Vermittlung von Personal auf die Kreuzfahrt- und Flusskreuzfahrtschiffe zu gründen, die sich zunächst auf die Berufsfelder Hotel und Gastronomie sowie Touristik konzentrierte. Während meiner nunmehr zwölfjährigen Tätigkeit habe ich tausende Bewerber erfolgreich auf die verschiedensten Schiffe weltweit vermitteln können. Die aktuelle Datenbank umfasst inzwischen fast 40.000 Bewerber aus mehreren Kontinenten für die unterschiedlichsten Positionen: vom Kellner bis zum Hotel Manager, vom

Koch bis zum Küchenchef, vom Barkellner bis zum Bar Manager, vom Zimmermädchen bis zum Housekeeping Manager, von der Reiseleitung bis zum Shore Excursion Manager, von der Kosmetikerin, Masseurin oder Friseurin bis zum Spa Manager. Im Jahr 2003 habe ich das Tätigkeitsfeld um die Bereiche Nautik und Technik erweitert (Deck und Engine). Durch die enge und partnerschaftliche Zusammenarbeit mit den Reedereien konnte ich eine in Deutschland einzigartige Kompetenz und Kapazität aufbauen.

Aus eigener Erfahrung kann ich sagen, dass eine Tätigkeit auf einem Kreuzfahrtschiff etwas ganz Besonderes ist, das sich mit nichts anderem wirklich vergleichen lässt. Man macht Erfahrungen, die ganz außergewöhnlich sind, wie das Leben und Arbeiten auf engstem Raum mit vielen Kollegen, die aus bis zu 60 verschiedenen Nationen kommen. Und erlebt damit hautnah die unterschiedlichsten Gewohnheiten und Lebensweisen aus aller Herren Länder und Kulturen.

Man lernt die Bedeutung echter Toleranz kennen und erfährt, was Teamarbeit und Flexibilität bedeuten. Rücksichtnahme, aber auch Durchsetzungsfähigkeit werden zu wichtigen Eigenschaften. Man lernt mit Stress und Druck umzugehen, und auch was es heißt, an seine Grenzen zu kommen.

Man schließt weltweite Freundschaften und bekommt einen ganz anderen Blick auf die Vorstellungen, Wünsche, Bedürfnisse, aber auch Nöte der Menschen anderer Länder und Kulturen.

Auf der Basis dieser vielseitigen und praxisnahen Erfahrungen und Erlebnisse möchte ich Ihnen mit diesem Buch das Leben und Arbeiten auf einem Kreuzfahrtschiff näherbringen. Es soll Ihnen von den ersten Überlegungen bis hin zum tatsächlichen Einstieg an Bord und damit zur ersten Stufe Ihrer Karriere auf dem Schiff ein nützlicher und zuverlässiger Ratgeber sein.
Und jetzt wünsche ich Ihnen viel Spaß beim Lesen und viel Erfolg an Bord!

Hier finden Sie einige unserer weltweiten Partner, die sich auf den Service der Connect Worldwide Agency verlassen, im Überblick:

- AIDA – Das Clubschiff
- AIDA – Das Clubschiff
- Apollo Ship Chandlers
- A-Rosa Flusskreuzfahrten
- Carnival Cruise Line
- Celebrity Cruises
- Costa Crociere
- Crystal Cruises
- CSM Cruise Services GmbH
- Cunard Line
- Reederei Peter Deilmann
- FTI Cruises
- G&P Cruise Hotel Management GmbH
- Gebr. Heinemann
- Global River Cruises – Uniworld
- Grand Circle Travel
- Holland America Line
- Ligabue Catering
- Prestige Cruise Holdings Inc.
- QCS – Quality Cruise Services
- River Advice Ltd.
- Royal Caribbean Cruise Line
- Saga Cruises
- Seabourn Cruises
- Seachefs Cruises Ltd.
- Seadream Yacht Club
- Serenité River Cruising
- Silversea Cruises
- Silverspoon Consulting
- TUI Cruises
- Viking River Cruises
- Zusammenarbeit mit verschiedenen Privatyachten
- Zusammenarbeit mit Hotels weltweit

1. Die Geschichte der Kreuzfahrt

1.1 Von der Linienschifffahrt zur Kreuzfahrt

Der Untergang der *Titanic* im Jahr 1912 ist jedem ein Begriff. Das Schiff sollte im Linienverkehr zwischen Amerika und Europa eingesetzt werden und dabei eine gewisse Erholung bieten. Der einsetzende Erste Weltkrieg führte zu einem großen Verlust von Passagierschiffen. Entweder wurden sie zerstört oder, im Falle von deutschen Reedereien, von Siegermächten übernommen.[1]

In den 1920er Jahren begann der erneute Aufschwung. Es galt als schick, sich auf den gewaltigen Schiffen auf „große Fahrt" zu begeben. Doch waren diese Reisen für den einzelnen Passagier auch mit extrem hohen Kosten verbunden, so dass diese Art des Vergnügens den Wohlhabenden vorbehalten war.

Im darauffolgenden Jahrzehnt erlebte die Kreuzfahrt einen Boom in den USA. Durch die Prohibition, die Beschlagnahmung des Alkohols auf staatlichem Gebiet, entstand das Konzept der „Booze Cruise"[2]. Alkohol konnte dadurch außerhalb des Staatsgebiets an Bord in rauen Mengen konsumiert werden.

In Europa konkurrierten Großbritannien, Frankreich und Deutschland mit den Reedereien aus den Vereinigten Staaten um die luxuriösesten, elegantesten, glamourösesten und komfortabelsten Schiffe.[3] Das Wettrennen wurde durch den Zweiten Weltkrieg abermals unterbrochen.

Nach dem Krieg wurden erneut Dampfer im Linienverkehr eingesetzt. Die Geburtsstunde der internationalen Kreuzfahrt, wie wir sie heute kennen, ist eng verbunden mit dem Tag, an dem sich die ersten Flugzeuge auf den Weg von Europa nach Nordamerika machten[4]. War das Schiff bis 1958 noch die einzige Möglichkeit, die Reise in die Vereinigten Staaten anzutreten, so gab es von nun an eine schnellere Verbindung, um den Atlantik zu überqueren. Reedereien mussten sich notgedrungen einen Weg überlegen, die eigenen Schiffe weiterhin zu unterhalten, um nicht dem Ruin entgegenzusteuern. Bis in die späten 1960er und die frühen 1970er war es immer noch günstiger, mit dem Schiff nach Nordamerika zu fahren als zu fliegen. Dies änderte sich erst abrupt mit dem verstärkten Einsatz von Düsenmaschinen und der ersten Boeing 747, dem so genannten Jumbo-Jet.

---

1 Schüßler, 2001, S. 19.

2 Ward, 2010, S. 38.

3 Ward, 2010, S. 38.

4 Ward, 2010, S. 39.

Kreuzfahrten zur heutigen Zeit

Sowohl die Schiffe als auch ihr Zweck veränderten sich im Laufe der letzten Jahre. Waren sie zu Beginn der modernen Kreuzfahrt noch Mittel zum Zweck, nämlich Transportmöglichkeit von einem Hafen zum anderen, sind sie heute selbst eine Destination und ein Ereignis. Ein Kreuzfahrtschiff bietet dem Gast so ziemlich alles, was ihn auch in einem vergleichbaren Hotel erwarten würde, und noch viel mehr.

Heutzutage gibt es oftmals verschiedene Restaurants und Vergnügungsstätten an Bord sowie Sport- und Wellness-Einrichtungen. Entertainmentprogramme werden dem Kreuzfahrterlebnis angepasst, und Einkaufsmöglichkeiten sind an Bord eines jeden Kreuzfahrtschiffes vorhanden. Heute gibt es kaum noch ein Fahrtgebiet, das noch nicht von Kreuzfahrern erobert wurde.

Organisierte Landausflüge bringen dem Kreuzfahrtpassagier die jeweilige Destination näher. Der Kreuzfahrtanbieter organisiert dafür die Reiseführer vor Ort, die Transportmöglichkeiten und weitere Leistungen, die den Landausflug komplettieren.

Die Zahl der Kreuzfahrtschiffe nimmt stetig zu. Ein zu beobachtender Trend ist, dass Reedereien immer größere Schiffe bauen lassen, die mit verschiedenen Besonderheiten ausgestattet sind. War es noch bis vor kurzem undenkbar, eine Kletterwand oder Eissporthalle auf einem Kreuzfahrtschiff zu integrieren, ist dies heutzutage nichts Besonderes mehr. Veranstalter und Reedereien werden auch zukünftig versuchen, immer neuere Attraktionen an Bord anzubieten, die ihr Schiff von anderen Anbietern unterscheiden. Ein Beispiel hierfür ist die Reederei RCCL, die den Passagieren auf ihren Schiffen sogar die Möglichkeit gibt, eine Minigolffläche zu nutzen.

Sollte sich der Trend fortsetzen, dass die Schiffe größer werden und eine höhere Anzahl an Passagieren aufnehmen können, so wird auch der Bedarf an qualifiziertem Personal weiter steigen.

Größere Schiffe werden auch zunehmend Schwachstellen zu verzeichnen haben. Die riesigen Schiffe mit einer Länge von bis zu 330 Metern können nicht alle Häfen anlaufen, da diese nicht ausreichend große Liegeplätze oder die notwendigen geografischen Voraussetzungen haben.

Es gibt Passagen, die für diese Riesen nicht befahrbar sind, wie zum Beispiel den Panamakanal. Dessen Schleusenkammern haben eine Breite von 33,5 Metern und eine Länge von 305 Metern.[5] Schiffsriesen mit einer Breite von 56 Metern, wie zum Beispiel die *Free-*

5 http://www.weltalmanach.de.

dom of the Seas aus der Flotte der Royal Caribbean Cruise Line, können diese Passage nicht befahren. Ein Umweg rund um Südamerika kostet Zeit und Geld. Die Kosten hierfür können nur ausgeglichen werden, indem die Rundfahrt mit einer attraktiven Reiseroute für den Kunden kombiniert wird.

Der Bau kleinerer und luxuriöserer Schiffe ist als ein weiterer Trend zu verzeichnen. Kleine Schiffe sind flexibler und haben kaum Schwierigkeiten, reizvolle Häfen und Destinationen zu finden, die sie anfahren können. Kleine Expeditionsschiffe haben zudem den Vorteil, dass sie ihre Passagiere einfach mit Hilfe von Zodiacs (Schlauchboote, die für Kleinexpeditionen auch in unerschlossenen Gebieten eingesetzt werden) ausbooten können.

Flusskreuzfahrten

Flusskreuzfahrten gibt es seit den 1960er Jahren. Die Sehenswürdigkeiten entlang der Strecke sind vom Schiff aus leicht zu erblicken, da es tagsüber in Ufernähe fährt. Vor allem Burgen, Kirchen und Schlösser sind oftmals an Flüssen oder auf den anliegenden Bergkuppen erbaut worden. Der besondere Reiz dieser Urlaubsreisen liegt dadurch vor allem in ihrer Routenführung.

Nicht nur auf europäischen Flüssen wie der Donau, dem Rhein, der Mosel, der Rhone oder der Wolga findet diese Art der Erholung statt, sondern auch in Asien auf dem Jangtsekiang, in Afrika auf dem Nil, in Südamerika auf dem Amazonas oder in Nordamerika auf dem Mississippi.

Die Landausflüge sind ein wichtiger Bestandteil dieser Kreuzfahrten. Potenzielle Ausflugshäfen liegen im Vergleich zur Hochseekreuzfahrt nah beieinander, so bleibt dem Gast mehr Zeit, die Gegend zu erkunden. Somit können schon vier Tage auf einem Flusskreuzfahrtschiff ein ereignisreicher Urlaub sein.

1.2 Weitere Arten von Schiffen

Fähren

Seit den 50er Jahren des letzten Jahrhunderts profitiert die Fährschifffahrt von der zunehmenden Flexiblität der Bevölkerung. Seit immer mehr Menschen das Auto mit in den Urlaub nehmen wollten, waren Fähren nicht mehr rein gewerblich benötigte Transportmittel, sondern wurden auch in der Freizeit benutzt.

Zu Beginn des 21. Jahrhunderts konnten Fähren Passagierzahlen von jährlich rund 80.000 Millionen verbuchen. Hinzu kommen private Pkws sowie die zu transportierenden Lkws und Busse.[6]

Seit einigen Jahren haben Reedereien viele Fähren umgebaut und den Überfahrten somit Kreuzfahrtcharakter verliehen. Die größten Fähren sind von außen kaum mehr von einem Kreuzfahrtschiff zu unterscheiden und bieten dem Gast ähnliche Annehmlichkeiten. Zu den in Europa bekanntesten Fähren zählen wohl vor allem die Passagierfähren im skandinavischen Raum.

Auf der *Colorline* lassen sich zum Beispiel mehrere unterschiedliche Restaurants von Fast Food bis zur gehobenen Klasse, Saunen, ein Kino, Shows und Shoppingmöglichkeiten sowie Kinderunterhaltungseinrichtungen finden. Schlafmöglichkeiten für den müden Reisenden gibt es selbstverständlich auch. Von der winzig kleinen bis zur luxuriösen Kabine wird alles angeboten, was eine mehrstündige Überfahrt so angenehm wie möglich macht.

Motor- und Segelyachten

Motor- und Segelyachten gibt es in allen erdenklichen Variationen und mit individueller Ausstattung. Je nach Größe und Beschaffenheit befahren sie Binnengewässer oder Ozeane. Segelkreuzfahrten werden vorzugsweise in ruhigen Gewässern angeboten. Diese Art des Reisens liegt im Exklusiv- bis Luxusbereich.

Privatyachten

Fahrten auf Privatyachten befinden sich im Bereich der Exklusiv- und Luxusreisen. Je nach Größe sind diese Schiffe auf allen sieben Weltmeeren anzutreffen und folgen keiner vorgegebenen Route. Die Planung der Reiseroute erfolgt individuell. Teilweise werden Privatyachten auch im Teil- oder Vollcharter gefahren – das heißt, der Eigner stellt seine Yacht gegen Entgelt inklusive Personal zur Verfügung.

Es wird ein Höchstmaß an Service- und Kundenorientierung von allen Crew-Mitgliedern erwartet – ebenso wie Einsatzwillen in allen Bereichen und absolute Verschwiegenheit.

---

6 Schüßler, 2001, S. 274.

Schiffsarten:

Hochseekreuzfahrtschiff

Unterwegs in der Karibik

Hochseekreuzfahrtschiff

Flussschiff Viking River Cruises

SeaDream II

Die MS Millennium

Hochseekreuzfahrtschiffe im Hafen von Italien

Segelschiff im Mittelmeer

Privatyacht

Flusskreuzfahrtschiff Avalon Affinity

SeaDream II

Unterwegs auf der Amadea

Flusskreuzfahrtschiff Avalon Luminary

Star Princess

Die SY Europa am Hafen

Der Corinth Kanal

MS Mein Schiff in Estland

2. Kreuzfahrtenmarkt

2.1 Kreuzfahrtenmarkt Europa – Auswirkungen auf Wirtschaft und Umwelt

Welche Stellung die Kreuzfahrtbranche mittlerweile innerhalb der Wirtschaft einer Region einnimmt, zeigt die Studie *Contribution of Cruise Tourism to the Economies of Europe* von 2009.

Demzufolge waren am Ende des Jahres 2008 in Europa 42 Kreuzfahrtgesellschaften ansässig, die eine Flotte von 129 Schiffen mit insgesamt fast 116.000 Betten besaßen. Weitere 63 Schiffe mit einer Kapazität von 71.300 Betten wurden in Europa von nicht-europäischen Firmen eingesetzt.
Beinahe 4,4 Millionen Europäer buchten eine Kreuzfahrt. Dies entspricht einem Anteil von 41 Prozent aller Kreuzfahrtpassagiere weltweit. Mehr als 4,7 Millionen Passagiere begannen ihre Reise von einem europäischen Hafen.

Tabelle: Europäische Kreuzfahrtpassagiere nach Herkunftsland (2009)[7]

Herkunftsland	*Passagiere*	*Gesamtanteil*
Großbritannien	1.477.000	33 %
Deutschland	907.000	21 %
Italien	682.000	15 %
Spanien	497.000	11 %
Frankreich	310.000	7 %
Sonstiges Europa	550.000	12 %
Gesamt	**4.422.000**	**100 %**

Insgesamt wurden im Jahr 2008 rund 14,2 Milliarden Euro unmittelbar für Kreuzfahrten ausgegeben. 19,1 Milliarden Euro Umsatz wurden in für die Kreuzfahrt relevanten Industriezweigen erzielt.

7 G.P. Wild, (International) Limited and Business Research & Economic Advisors (2009). *Contribution of cruise tourism to the economies of Europe*, Seite 2 ff.

Die Kreuzfahrtbranche sicherte zudem 311.512 Arbeitsplätze an Bord und Land. Die Jobs sind wie folgt aufgeteilt:

150.369	direkt betroffene Stellen
116.888	indirekt betroffene Stellen
44.255	induzierte (aus den wirtschaftlichen Ausgaben direkter und indirekter Jobs resultierende) Stellen

Von der Kreuzfahrtbranche unmittelbar betroffen waren 150.369 der Arbeitsplätze. Diese Zahl beinhaltet die Angestellten an Bord der Schiffe, die direkten Zulieferer und die Angestellten der Unternehmen, die Waren und Dienstleistungen für die Schiffe und ihre Passagiere liefern. Die indirekt betroffenen Arbeitsplätze ergeben sich aus den zusätzlichen Ausgaben, die die Lieferanten der Reedereien und Kreuzfahrtveranstalter leisten. So benötigen zum Beispiel die Lebensmittelhändler Rohstoffe und Energie, aus denen oder mit deren Hilfe sie ihre Lebensmittel herstellen. Diese Aktionen stärken ebenfalls das wirtschaftliche Umfeld.

Induzierte Jobs ergeben sich aus dem wirtschaftlichen Gewinn, der durch die unmittelbaren und mittelbaren Stelleninhaber umgesetzt wird.

Ergänzend dazu gab es weitere Ausgaben, die der europäischen Wirtschaft zugutekamen:

- 5,2 Milliarden Euro wurden für den Bau neuer Schiffe sowie die Wartung und Modernisierung der bestehenden Flotte in europäischen Werften ausgegeben.
- 5,1 Milliarden Euro kosteten europäische Waren und Dienstleistungen, die für den optimalen Ablauf der organisierten Kreuzfahrten notwendig waren. Allein für Lebensmittel und Getränke wurden 460 Millionen Euro ausgegeben. Provisionen für Reisebüros veranschlagten 757 Millionen Euro, und weitere 750 Millionen Euro wurden unter anderem für Versicherungen, Werbung und Maschinenbau aufgewendet.
- Insgesamt 2,7 Milliarden Euro gaben Kreuzfahrer für Landausflüge, Hotelaufenthalte vor und nach der Schiffsreise, Flugreisen und andere Waren am Abfahrts- und Anlaufhafen aus.
- Arbeitslöhne und Gehälter für europäische Mitarbeiter, Verwaltungsangestellte und Crew summierten sich auf 1,1 Milliarden Euro.

In dem Zeitraum von 1998 bis 2008 stieg die Nachfrage nach Kreuzfahrten weltweit um mehr als das Doppelte. Sie machte einen Sprung von 7,79 Millionen auf 16,36 Millionen

Passagieren. Dies entspricht einer Steigerung von 110 Prozent. Im gleichen Zeitabschnitt stieg der Landtourismus global gesehen nicht einmal um 48 Prozent.[8]

Auf dem europäischen Markt ist die Nachfrage noch drastischer gestiegen. Zwischen 1998 und 2008 verdreifachte sich die Passagierzahl von 1,7 auf 4,5 Millionen – eine Steigerung von 165 Prozent!

Sicherheit

Es ist davon auszugehen, dass die Kreuzfahrtbranche in der Vergangenheit auch von politischen Unsicherheiten und Terrorgefahren in etlichen Reisegebieten profitiert hat. So empfindet der Passagier seinen Aufenthalt auf einem streng beobachteten und durch Sicherheitspersonal kontrollierten Schiff sicherer als auf einem weitläufigen Terrain an Land. Ein Schiff wird oft mit einem Kokon verglichen, der vor den Gefahren der Außenwelt schützt. Wenn zum Beispiel in einer Destination Unruhen ausbrechen, könnte ein Kreuzfahrtschiff diesen Hafen umfahren oder innerhalb kürzester Zeit diesem Ort entfliehen.

Für mehr Sicherheit an Bord sorgen seit Dezember 2002 zudem die erweiterten Bestimmungen des internationalen *Übereinkommens zum Schutz des menschlichen Lebens auf See* (International Convention for the Safety of Life at Sea; SOLAS). Seit den Anschlägen vom 11. September 2001 auf das World Trade Center in New York sind nun auch Gefahren, die von terroristischen Anschlägen ausgehen können, in den SOLAS enthalten.[9]

Piraterie stellt eine der größten Gefahren für die internationale Handelsschifffahrt dar. Im Raum West- und Ostafrika und in Südostasien sind Piraten besonders aktiv. Besonders in Küstennähe häufen sich jedes Jahr Übergriffe durch teils gut ausgerüstete Banden. Allein im Jahr 2010 waren es 445. Verschiedene Organisationen wie die International Chamber of Commerce und die International Maritime Organisation überwachen weltweit die Wasserstraßen und Fälle von Piraterie.[10] Überfälle auf Kreuzfahrtschiffe sind jedoch eine äußerste Seltenheit, da es für die Piraten schwierig ist, so viele Personen unter Kontrolle zu halten. Trotzdem reagieren einige Reedereien und meiden die gefährlichen Wasserstraßen oder fliegen die Passagiere vorher aus, lassen das leere Schiff die Gefahrenstellen passieren und schiffen sie danach erneut ein.

---

8 G.P. Wild, (International) Limited and Business Research & Economic Advisors (2009). *Contribution of cruise tourism to the economies of Europe*, S. 1 ff.

9 http://www.bezreg-duesseldorf.nrw.de.

10 http://www.marine.de.

Umweltschutz

Auch die Kreuzfahrtindustrie ist vom Klimawandel bedroht. Zum Schutz der Umwelt bei der Schifffahrt wurde das so genannte MARPOL-Übereinkommen eingesetzt. Dieses 1983 in Kraft getretene Regelwerk soll die Verschmutzung der Meere durch Schiffe reduzieren.[11] Die Bestimmungen werden regelmäßig gemäß den aktuellen Gegebenheiten weiterentwickelt. Für Sie als Crew-Mitglied bedeuten die Regelungen eine gewisse Mitverantwortung. Zudem sind viele Kreuzfahrtunternehmen in Organisationen wie AECO (Association of Arctic Expedition Cruise Operators) und IAATO (International Association of Antarctica Tour Operators) organisiert und zeigen sich auf diese Weise verantwortlich für die Umwelt.

2.2 Entwicklung der vergangenen Jahre auf dem deutschen Kreuzfahrtenmarkt

Um einen besseren Überblick darüber zu bekommen, wie sich die Kreuzfahrtindustrie aus deutscher Sicht in den letzten Jahren entwickelt hat, werden die Daten des Kreuzfahrtenmarktes aus 1997/1998 und 2011 im Folgenden miteinander verglichen.

Hochseekreuzfahrt	1997/1998	2011
Passagierzahlen	306.199	1.219.473
Umsätze in Euro	606.266.393,–[12]	2.100.000.000,–

[13]

Flusskreuzfahrt	1997/1998	2011
Passagierzahlen	113.279	432.766
Umsätze in Euro	111.824.000,–	471.600.000

[14]

11 www.bsh.de.

12 www.drv.de.

13 http://de.statista.com/themen/593/kreuzfahrt.

14 DRV Fakten und Zahlen zum deutschen Reisemarkt 2008/2011, S. 11, und Der Kreuzfahrten-Markt Deutschland 1998, S. 6 ff.

Nach Betrachtung der Zahlen wird deutlich, dass sich die Anzahl der Deutschen, die eine Kreuzfahrt gemacht haben, vervierfacht hat. Es kann von einem Boom in der Kreuzfahrtbranche gesprochen werden.

Ein deutlicher Trend auf diesem Markt sind Kreuzfahrten einerseits auf Schiffen mit einer Größe bis 100.000 Tonnen und andererseits auf kleinen Schiffen wie Luxusyachten, wobei hier besonders die Qualität und ein enger Kontakt zu den Passagieren zählt. Ebenso ist den kleineren Schiffen die Möglichkeit gegeben, Häfen zu besuchen, die Riesen-Kreuzfahrtschiffe nicht anfahren können.[15]

2.3 Schiffsneubestellungen und Umbenennungen für die Jahre 2012–2015

Ein weiterer Hinweis auf das anhaltende Wachstum der gesamten Kreuzfahrtindustrie sind die zahlreichen Neubestellungen der Reedereien bis zum Jahr 2015.

2012

Reederei	Schiffsname	Tonnage	Passagieranzahl	Werft	Ablieferung
Costa	**Costa neo-Romantica** (Ex-Costa Romantica)	56.000	1.800	San Giorgio del Porto und T. Mariotti	Februar
Saga	Saga Sapphire (Ex-Europa, Ex-Bleu de France)	37.301	752	Bremer Vulcan, Renovierung: Fincantieri in Palermo	März
Disney Cruise Line	Disney Fantasy	128.000	2.500	Meyer Werft	März
Oceania	Riviera	66.084	1.300	Fincantieri	April
Hapag Lloyd Kreuzfahrten	Columbus 2 (Ex-Insignia)	30.277	698	1998 bei STX Europe Saint-Nazaire	April
FTI Cruises	FTI Berlin (Ex-Spirit of Adventure, Ex-MS Berlin)	9.570	456	1981 bei HDW in Kiel	Mai

15 Ward, 2010, S. 14.

Spirit of Adventure Cruises (Saga)	Quest for Adventure (Ex-Saga Pearl II, Ex-Astoria)	18.591	512	1981 bei HDW in Kiel	Mai
Plantours	Hamburg (Ex-Columbus)	15.000	400	1997 bei MTW Wismar	Mai
InnerSea Discoveries	Wilderness Explorer (Ex-Spirit of Discovery)	nicht bekannt	84	1976 gebaut, 1992 renoviert	Sommer
AIDA	AIDAmar	71.100	2.200	Meyer Werft	Mai
Carnival	Carnival Breeze	130.000	3.700	Fincantieri	Mai
Costa	Costa Fascinosa	114.500	3.000	Fincantieri	Mai
MSC	MSC Divina	139.400	3.500	STX Europe Saint-Nazaire	nicht bekannt
Celebrity Cruises	Celebrity Reflection	126.000	3.000	Meyer Werft	Oktober
Paul Gauguin Cruises	Moana (Ex-Le Levant)	3.504	90	1999 bei Alstom Leroux Naval Saint-Malo, Frankreich	Dezember
Viking River Cruises	Viking Freya	nicht bekannt	190	Neptun Werft	Frühjahr
Viking River Cruises	Viking Idun	nicht bekannt	190	Neptun Werft	Frühjahr
Viking River Cruises	Viking Njord	nicht bekannt	190	Neptun Werft	Frühjahr
Viking River Cruises	Viking Aegir	nicht bekannt	190	Neptun Werft	Sommer
Viking River Cruises	Viking Embla	nicht bekannt	190	Neptun Werft	Sommer
Viking River Cruises	Viking Odin	nicht bekannt	190	Neptun Werft	Frühjahr

Avalon Waterways	Avalon Vista	nicht bekannt	nicht bekannt	Den Breejen	nicht bekannt
Avalon Waterways	Avalon Angkor	nicht bekannt	nicht bekannt	Den Breejen	nicht bekannt
Avalon Waterways	Avalon Visionary	nicht bekannt	nicht bekannt	Den Breejen	nicht bekannt
A-Rosa Fluss-kreuzfahrten	A-Rosa Silva	nicht bekannt	nicht bekannt	Neptun Werft	nicht bekannt
A-Rosa Fluss-kreuzfahrten	MS Ariana	nicht bekannt	nicht bekannt	Dunav Tours	nicht bekannt

2013

Reederei	Schiffsname	Tonnage	Passagiere	Werft	Ablieferung
AIDA	AIDAstella	71.100	2.200	Meyer Werft	Februar
NCL	Norwegian Breakaway	144.000	4.000	Meyer Werft	Mai
Compagnie du Ponant	ohne	10.600	264	Fincantieri, Ancona	Juni
Hapag Lloyd Kreuzfahrten	MS Europa 2	39.500	516	STX Europa Saint-Nazaire	Frühjahr
Princess Cruises	Royal Princess	141.000	3.600	Fincantieri	2. Quartal
Costa	ohne	132.500	4.900	Fincantieri	Oktober
MSC	MSC Preziosa	nicht bekannt	nicht bekannt	STX Europe Saint Nazaire	nicht bekannt
Ponant Yacht-kreuzfahrten	ohne	nicht bekannt	nicht bekannt	Fincantieri	nicht bekannt
Viking River Cruises	ohne	nicht bekannt	nicht bekannt	Neptun Werft	nicht bekannt
Viking River Cruises	ohne	nicht bekannt	nicht bekannt	Neptun Werft	nicht bekannt
A-Rosa Fluss-kreuzfahrten	A-Rosa Flora	nicht bekannt	nicht bekannt	Neptun Werft	nicht bekannt

2014

Reederei	Schiffsname	Tonnage	Passagiere	Werft	Ablieferung
TUI Cruises	ohne	97.000	2.500	STX Finnland	Frühjahr
NCL	Norwegian Getaway	144.000	4.000	Meyer Werft	Frühjahr
Viking Ocean Cruises	ohne	45.000	998	Fincantieri	Frühjahr
Princess Cruises	ohne	141.000	3.600	Fincantieri	2. Quartal
Royal Caribbean	Project Sunshine 1	158.000	4.100	Meyer Werft	Herbst
Utopia Residences	Utopia	108.000	199 Wohnungen, 218 Hotelzimmer	Samsung Heavy Industries	Jahresende
wahrscheinlich übernimmt MSC, ursprünglich Reederei GN-MTC	ohne	140.000	3.500	STX Europe Saint-Nazaire	nicht bekannt
Costa	ohne	nicht bekannt	nicht bekannt	STX Europe Saint-Nazaire	nicht bekannt
Viking River Cruises	ohne	nicht bekannt	nicht bekannt	Neptun Werft	nicht bekannt
Viking River Cruises	ohne	nicht bekannt	nicht bekannt	Neptun Werft	nicht bekannt

2015

Reederei	Schiffsname	Tonnage	Passagiere	Werft	Ablieferung
AIDA	AIDAmitsu	125.000	3.250	Mitsubishi Heavy Industries	März
P&O Cruises	ohne	141.000	3.611	Fincantieri	Frühjahr
Royal Caribbean	Projekt Sunshine 2	158.000	4.100	Meyer Werft	Frühjahr
Viking Ocean Cruises	ohne	45.000	998	Fincantieri	Frühjahr
TUI Cruises	Mein Schiff 4	nicht bekannt	nicht bekannt	STX Europe Turku	nicht bekannt
MSC	ohne	nicht bekannt	nicht bekannt	STX Europe Saint-Nazaire	nicht bekannt

(Cruise Page, 2012)

2.4 Unterteilung des Kreuzfahrtenmarktes in Segmente

Die Kreuzfahrtbranche ist in verschiedene Segmente unterteilt, um die unterschiedlichen Zielgruppen mit differenzierten Produkten zu bedienen. Die einzelnen Segmente sind als Exklusiv, Premium, Luxus und Standard aufgeführt. Einige Reedereien haben sich auf ein Segment spezialisiert, wie zum Beispiel Carnival für das Standardsegment. Andere Reedereien wiederum bedienen mehrere Segmente. Ein Beispiel hierfür ist das Unternehmen Hapag Lloyd Kreuzfahrten GmbH. Im exklusiven Segment ist die MS Europa Vorreiterin, als einziges Schiff mit der Auszeichnung „Fünf Sterne plus".[16] Die MS Columbus wiederum ist im Bereich „Drei Sterne plus" zu finden. Komplettiert wird das Angebot durch die Expeditionsschiffe MS Bremen und MS Hanseatic.

Unterschiedliche Schiffsklassen bringen natürlich unterschiedliche Passagiere mit sich, das heißt, die Qualifikationen und Aufgabenbereiche der Crew unterscheiden sich, je nachdem, in welchem Segment sich das betreffende Schiff befindet. Unten stehende Tabelle bietet zum Einstieg eine grobe Übersicht über die Reedereien in den Segmenten Luxus, Premium und Standard.

16 Ward, 2010, S. 14.

Luxus	Premium
Hapag-Lloyd Kreuzfahrten**	Asuka Cruise (NYK)
SeaDream Yacht Club	Celebrity Cruises
Crystal Cruises*	Club Med Cruises
Cunard Line*	Holland America Lines
Hebridean Island Cruises***	Oceania Cruises
Sea Cloud Cruises	Orion Expedition Cruises
Seabourn Cruise Lines	Peter Deilmann Kreuzfahrten
Regent Seven Seas Cruises*	Ponant Cruises
Silversea Cruises	Saga Cruises
	Celebrity Cruises
	Swan Hellenic Cruises
	Venus Cruises
	Windstar Cruises
	AIDA Cruises
	Princess Cruises
	Royal Caribbean
	Star Clippers

Standard		
Abercrombie & Kent	Hapag-Lloyd-Cruises*	Phoenix Reisen
American Canadian Caribbean Line	Holiday Cruises	plantours & Partner
American Cruise Lines	Imperial Majesty Cruise Line	pullmantur Cruises
Carnival Cruise Lines	Island Cruises	P&O Cruises Australia
Caspi Cruises International	Kristina Cruises	P&O Cruises
Classic International Cruises	Lindblad Expeditions	Quark Expeditions
Clipper Cruise Line	Louis Cruise Lines	Star Cruises
Costa Cruises	Louis Hellenic Cruises	Star Cruises
Cruise West	Majestic International Cruises	Star Lines Cruises

Delphin Seereisen	Mano Maritime	Thomson Cruises
Disney Cruise Line International	Mitsui OSK Passenger Line	Transocean Tours
easyCruise.com	MSC Cruises	Travel Dynamics
Elegant Cruises & Tours	Noble Caledonia	Travelplan Cruises
Fred. Olsen Cruise Lines	Norwegian Coastal Voyages	Viajes Iberojet
Globalia Cruises	Norwegian Cruise Line	Windjammer Barefoot Cruises
Galapagos Cruises	Orient Line	
Hansa Touristik	Page & Moy	

* Diese Unternehmen führen Schiffe und Kreuzfahrtprodukte mit Bezug zum Luxus- und Premiumsegment

** Bezieht sich nur auf MS Europa II und MS Columbus II

*** Gilt nur für Hebridean Spirit

(tlw. Ward, 2010)

Nachstehend finden Sie eine alphabetische Übersicht von einigen Flusskreuzfahrt-Reedereien und -Veranstaltern weltweit

1A Vista * A-ROSA Flussschiff * AMA Waterways * American Cruise Lines * American Queen Steamboat Comp. * Assam Bengal Navigation * Avalon Waterways * Brahmputra Cruise * Compagnie Fluviale du Mekong * CroisiEurope * Douro Azul * Dunav Tours * Feenstra Rijn Lijn * Fremen Tours Bolivia * Grand Circle Cruise Line * G&P Cruise Hotel Management * Iberostar Grand Amazon * KD Cruise Services Ltd. * Lüftner Cruises * Nicko Tours * Orient Express Trains & Cruises * Pandaw River Cruises * Phoenix Reisen * Plantours Kreuzfahrten * River Advice * Sanssouci Hotelschiff * Scenic Tours * SCI Swiss Cruises International * Scylla AG * sea chefs Cruise Management * Sea Cloud Cruises * Select Cruise Voyages * Serenité River Cruising * Thai River Cruises * Trans River Line * Transocean Kreuzf. * TUI Cruises * Uniworld * Victoria Cruises * Viking River Cruises

2.5 Struktur des Kreuzfahrtenmarktes

Viele der oben aufgeführten Kreuzfahrtreedereien sind nicht mehr selbstständig, sondern Tochtergesellschaften oder Eigentum einer größeren Reederei. Das folgende Organigramm soll diese Zugehörigkeiten zeigen. Wer gehört zu wem, und welche Reederei ist eigenständig? Reedereien, die Sie hier vermissen, befinden sich im Adressverzeichnis am Ende des Buches.

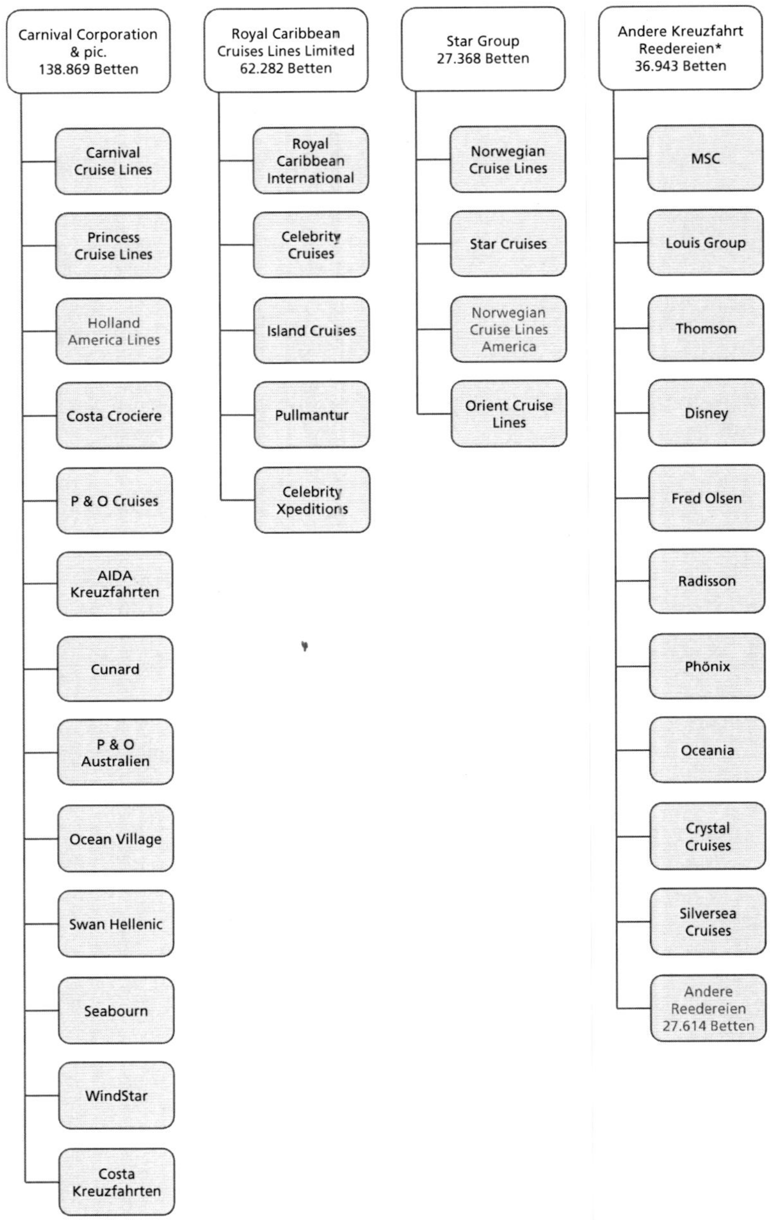

* Reedereien mit mehr als 2.000 Betten

(Wild, Februar 2009)

3. Arbeitsplatz Kreuzfahrtschiff

Die Hygiene wird großgeschrieben.

Restaurant der Queen Victoria

Außendeck der Premicon Queen

Restaurant auf einem Flusskreuzfahrtschiff

Poolbereich

Sonnendeck

Lobby Royal Caribbean Cruise Line

Fitnessbereich der Queen Victoria

Barbereich der Queen Mary 2

Schnitzkunst für das Buffet

Restaurant Freedom of the Seas

Pool-Deck SeaDream

Minty Foot Massage auf dem Spa-Deck

Service auf dem Lido-Deck

Spa-Bereich auf einem Flusskreuzfahrtschiff

Restaurantbereich der Freedom of the Seas

Balinesische Traumbetten

Service auf der SeaDream

Restaurantbereich Hochseekreuzfahrtschiff

Suite Royal Caribbean Cruise Line

Restaurant Oceania Cruises

Bar / Restaurantbereich der Premicon Queen (Flusskreuzfahrtschiff)

Die Erholung soll nicht zu kurz kommen.

Einkauf auf lokalem Markt

Spa-Bereich auf der Freedom of the Seas

Restaurant-Buffet der Freedom of the Seas

BEISPIEL EINER MENUECARD VON VIKING RIVER CRUISES

CAPTAIN'S FAREWELL
DINNER MENU

FIRST COURSE

Salmon Caviar & Crisp Potato Cake
egg remoulade, micro greens salad, herb dressing

Champagne Risotto & Grilled Shrimps
sauteed forest mushrooms, bouillabaise sauce

Red Oak Leaf Lettuce &
Caramelized Pear Salad cornbread muffins, crumbled blue cheese, sherry shallot vinaigrette

Roasted Forest Mushroom Velouté
crisp bacon, mushroom chips, truffle sabayon

MAIN COURSE

"Tournedo Rossini" Grilled Filet Mignon & Pan Sauteed Foie Gras glazed vegetables, rissolé potatoes, fresh black truffle, madeira sauce

Baked Lobster Thermidor
wild rice, sauteed white and green asparagus

Crisp Celery Root "Piccata"
spaghetti with pesto

DESSERTS

"Vikings" Hot Grand Marnier Souffle
warm chocolate soufflé cake, bitter sweet chocolate sauce

New York Cheese Cake

Fresh Fruits pineapple

Ice Cream pistacchio

Sorbet lemon

CHEESE PLATE

The following cheese plate is accompanied by apricot chutney and crackers

Roquefort
French; sheep's milk, soft, blue creamy, salty and strong aroma – honey apple syrup

Langres
French; cow's milk, wonderful flavor, washed with champagne brandy – quince jam

Drunken Goat
Spain; goat's milk, semi-hard, sweet and smooth, has been soaked in double wine – watermelon

SUGGESTED WINES

Duckhorn Sauvignon Blanc
Napa Valley, USA 2010 $ 78

Berlinger Merlot
Napa Valley, USA 2001 $ 124

3.1 Voraussetzungen für das Arbeiten an Bord

Das Leben und Arbeiten an Bord eines Kreuzfahrtschiffes unterscheidet sich in vielen Dingen vom Landleben. Bevor Sie sich dafür entscheiden, an Bord zu gehen, sollten Sie sich dessen bewusst sein. Abgesehen davon, dass Ihr Arbeitsplatz gleichzeitig Ihr Zuhause darstellt, Ihre Kollegen Ihre Freunde sein werden und Sie zu „jeder" Tages- und Nachtzeit einsatzbereit sein müssen, werden Sie mit vielen Nationalitäten zu tun haben, viele Stunden extra arbeiten und sich nicht immer aussuchen können, was Sie essen möchten. Sind Sie darauf gut vorbereitet, kann die Arbeit an Bord ein besonderes und unvergessliches Erlebnis werden. Nur wenige Menschen kommen im Laufe ihres Lebens in den Genuss, ihren Horizont auf diese Art und Weise erweitern zu dürfen.

Eine gute Vorbereitung erleichtert den Einstieg in das neue Umfeld. Dieses Kapitel soll Ihnen dabei helfen. Die Erfahrungsberichte in Kapitel 6 sollen Ihnen darüber hinaus das Leben an Bord lebhaft veranschaulichen. Und weitere Berichte, die hier nicht veröffentlicht werden konnten, finden Sie auf unserer speziell für das Buch angelegten Homepage www.connect-willkommenanbord.de.

Serviceverständnis

Wie in jedem anderen Servicebetrieb zählt auch und besonders in der Kreuzfahrtbranche der Leitsatz: **Der Gast ist König.**

Gäste an Bord eines Kreuzfahrtschiffes zahlen viel Geld für ihre Reise. Jeder noch so abwegige Kundenwunsch sollte dementsprechend von Ihnen respektiert und wenn möglich erfüllt werden. Beliebt sind bei den Gästen die kleinen Extras, die nicht direkt mit dem Service zusammenhängen. Jeder Gast sieht sich selbst als wichtigsten Kunden, und deshalb ist es von großer Bedeutung, alle gleich zuvorkommend zu behandeln. Manchmal kommt es vor, dass Sie etwas gefragt werden, was Sie nicht wissen. Kompetente Informationsbeschaffung zeugt an dieser Stelle von einem hohen Maß an Engagement. Darüber freut sich jeder Gast.

Je nach Klasse des Schiffes und der Reederei kann es wichtig sein, den Passagier mit Namen anzusprechen. Diese höfliche Anrede vermittelt das Gefühl der Wertschätzung und des bestmöglichen Services. Sollte Ihre Reederei dieses erwarten, werden Sie darauf hingewiesen. Wichtig bleibt: Jeder Gast ist König, und alle Passagiere müssen auch so behandelt werden.

Es kann vorkommen, dass Gäste sich über Dinge beschweren, die Sie selbst nicht nachvollziehen können. Für diese Situationen ist ein gewisses Maß an Fingerspitzengefühl notwendig. Ausnahmen stellen lediglich Sicherheitsanweisungen dar. Streitigkeiten mit Gästen sollten Sie, wie in jedem anderen Beruf, unbedingt vermeiden. Sobald Probleme entstehen und Sie den Gast nicht beruhigen können, empfiehlt es sich immer, einen Vorgesetzten um Hilfe zu bitten. Dieser setzt dann das Gespräch fort und ist außerdem befugt, einen schlichtenden Kompromiss mit dem Gast einzugehen.

Zu einem professionellen Verhalten gegenüber Gästen gehört auch, dass Sie auf die eigene Körperpflege achten. Neben der Uniform darf häufig nur dezenter Schmuck getragen werden. Falls Sie Piercings oder Tätowierungen haben, dürfen diese grundsätzlich nicht sichtbar sein. Auch bunt gefärbte Haare sind bei allen Reedereien unerwünscht. Sie hinterlassen außerdem keinen professionellen Eindruck, wenn Sie unangemessene Verhaltensweisen wie Kaugummikauen im Gästebereich oder Herumstehen mit den Händen in den Taschen pflegen. Negative Äußerungen über das Schiff, Kollegen oder Passagiere in Anwesenheit von Gästen sollten Sie ebenfalls vermeiden. Etwas, was dagegen immer gefragt ist, ist Ihr Lächeln.

Alter

Wer im Schiffsrestaurant oder an der Bar arbeitet, hat regelmäßig Kontakt mit Alkohol. Diese Arbeit könnte dann durch die Gesetze eingeschränkt werden, wenn Sie das erforderliche Mindestalter noch nicht erreicht haben. Deshalb schreiben die meisten, vor allem die amerikanischen Reedereien ein Mindestalter von 21 Jahren vor. Eine Ausnahme hierbei sind die Flusskreuzfahrtschiffe. Da diese häufig unter europäischer Flagge fahren, gelten für sie andere Gesetze, und Bewerber können auch schon ab 19 Jahren eine Anstellung an Bord finden. Sollten Sie unsicher sein, welches Alter für Ihre gewünschte Position erreicht sein muss, fragen Sie direkt bei der Reederei oder bei Ihrer Agentur nach.

Gesundheitliche Voraussetzungen

Ein Bewerber muss natürlich körperlich fit sein. Wer an Bord eines Kreuzfahrtschiffes beschäftigt ist, muss damit rechnen, mindestens zehn Stunden täglich zu arbeiten, und das an sieben Tagen in der Woche. Durch die unmittelbare Nähe zum Arbeitsplatz ist das Crew-Mitglied 24 Stunden am Tag abrufbar und sollte auch nicht unterschätzen, was das bedeutet. Ist ein Notfall an Bord eingetreten, ist ein Kollege erkrankt oder wurde spontan ein Event anberaumt, rechnen Sie damit, dass auf Sie zurückgegriffen wird, wenn Sie gerade nicht im Dienst sind. Teamfähigkeit ist ein weiterer wichtiger Aspekt beim täglichen Bordleben. Ist in einem Department Not am Mann, muss jeder mit anpacken.

Im Notfall muss selbstverständlich jeder Mitarbeiter in der Lage sein, seine Sicherheitsfunktion an Bord auszuführen. Das heißt, Passagiere zu ihren Sicherheitsbooten zu geleiten, eventuell Proviant zu verstauen oder im schlimmsten Fall gar Verletzte zu bergen. Neben der guten körperlichen Verfassung ist es natürlich eine Grundvoraussetzung, keine ansteckenden Krankheiten zu haben. Dies wird bereits bei der medizinischen Untersuchung vor dem Einstieg geprüft.

Eine häufig von den Bewerbern unterschätzte Krankheit ist die Seekrankheit. Es gibt zwar mittlerweile sehr gute Tabletten dagegen, diese haben jedoch auch Nebenwirkungen (beispielsweise Müdigkeit) und sollten nicht auf Dauer genommen werden.

Gesundheitszeugnis

Jeder zukünftige Seemann muss seine körperliche Gesundheit unter Beweis stellen. Etwaige Tests müssen entweder beim so genannten Seeärztlichen Dienst[17] absolviert werden, oder die Reederei empfiehlt einen bestimmten Arzt. Seinen Hausarzt zu konsultieren ist zwar grundsätzlich möglich, aber nicht ratsam, da dieser häufig mit der Prozedur nicht so vertraut ist wie entsprechende Fachärzte. Welche Art des Gesundheitszeugnisses gefordert wird, legt die Reederei fest. Abhängig von Reederei und dem Flaggenstaat Ihres Schiffes unterscheiden sich Aufwand und Inhalt der Gesundheitstests. Reicht es für deutsche Reedereien teilweise aus, ein Seediensttauglichkeitszeugnis vorzuweisen, so sind amerikanische Reedereien oft strenger in ihren Anforderungen. In der Regel bekommen Sie aber von Ihrem Arbeitgeber einen Vordruck, der vom untersuchenden Arzt auszufüllen ist und somit alles enthält, was verlangt wird.

Die Kosten für das Seediensttauglichkeitszeugnis betragen ca. 100 Euro. Für diesen Betrag müssen Sie in der Regel selbst aufkommen, er wird jedoch von einigen Reedereien rückerstattet. Neben den obligatorischen Blut- und Stuhlproben muss ein Sehtest absolviert werden. Zudem wird die Lunge geröntgt. Nach Bestehen aller Untersuchungen wird das Seediensttauglichkeitszeugnis ausgestellt.

Es kann durchaus vorkommen, dass medizinische Ergebnisse ein paar Tage auf sich warten lassen. Deshalb wird empfohlen, die Untersuchungen etwa 10 bis 14 Tage vor der Abreise durchführen zu lassen, da Ihr Arbeitgeber möglichst aktuelle Resultate vorliegen haben möchte.

---

17 http://www.see-bg.de/seeberufsgenossenschaft/adressen.

Gelbfieberimpfung

Für manche Fahrtgebiete benötigen Sie zusätzlich eine Gelbfieberimpfung. Diese Impfung wird nur von dafür geschulten Ärzten durchgeführt. Am besten erkundigen Sie sich bei Ihrem Hausarzt nach dem richtigen Ansprechpartner.

Als weitere Impfungen empfehlen sich eine Hepatitis-Impfung und die Auffrischung des Impfschutzes gegen Polio, Tollwut und Zecken. Besprechen Sie hierzu alles Weitere mit Ihrem Arbeitgeber oder mit Ihrem Hausarzt.

Sprachkenntnisse

Unerlässlich ist das Beherrschen der englischen Sprache. An Bord eines jeden Kreuzfahrtschiffes wird erwartet, dass jedes Crew-Mitglied mindestens gut Englisch spricht, auch wenn es auf einem deutschen Schiff arbeitet. Hinter den Kulissen gilt stets Englisch als erste Sprache. Sicherheitstrainings werden grundsätzlich auf Englisch durchgeführt, und teilweise auch die Einführungen in den ersten Tagen. Sie sollten in der Lage sein, sich mit Ihren internationalen Kollegen zu unterhalten.

Jede weitere Fremdsprache ist von Vorteil. Sie können sich nicht nur besser mit mehr Gästen und Kollegen verständigen, sondern finden sich in den verschiedenen Häfen und Städten leichter zurecht.

Ausbildung

Der letzte wichtige Aspekt der allgemeinen Voraussetzungen: Brauchen Sie, um an Bord arbeiten zu können, eine Ausbildung? Welche Ausbildung ist die richtige? Oder: Können Sie sogar an Bord eine Ausbildung absolvieren?

Diese häufig gestellten Fragen sind nicht pauschal zu beantworten. Grob lässt sich sagen, dass eine abgeschlossene Ausbildung mit Berufserfahrung erwartet wird oder zumindest einen Einstellungsvorteil darstellen kann.

Eine Fünf-Sterne-Reederei wünscht im Anschluss an eine Ausbildung zum Hotelfachmann sicherlich eineinhalb bis zwei Jahre Berufserfahrung. Eine Drei- oder Vier-Sterne-Reederei wird eventuell auch die Möglichkeit bieten, schon direkt nach der Berufsausbildung an Bord zu arbeiten. Quereinsteiger haben in der Kreuzfahrtbranche ebenfalls gute und realistische Chancen. Hat ein Bewerber beispielsweise eine Ausbildung in einer Versicherung gemacht, dann aber nachweislich einige Jahre in renommierten Häusern im

Service, an der Bar oder an der Rezeption gearbeitet, wird eine Reederei dies durchaus zu Gunsten des Bewerbers werten.

Natürlich brauchen Sie für Positionen wie Sommelier oder Küchenchef eine entsprechende Berufsausbildung. Bei Berufen wie Sportanimateur oder Künstler ist eine allgemeingültige Aussage schwieriger. So behält sich manch eine Reederei vor, nur Sportanimateure mit abgeschlossener Ausbildung im Sport- oder Fitnessbereich einzustellen. Andere Reedereien wiederum verlassen sich lieber auf den persönlichen Eindruck oder die gesammelte Berufserfahrung, die ein Bewerber landseitig, an Bord anderer Schiffe oder gar auf Schiffen der eigenen Flotte gesammelt hat.

Wie dem auch sei, es ist immer geboten, etwaige Detailfragen direkt mit der Reederei zu klären, bevor Sie sich geschlagen geben. Von Ihnen unterschätzte Referenzen können für Ihren potenziellen Arbeitgeber von großer Bedeutung sein.

Eine Ausbildung im herkömmlichen Sinne können Sie an Bord leider nicht machen. Hierzu fehlen an Bord der Kreuzfahrtschiffe die räumlichen und zeitlichen Voraussetzungen. Allerdings sind die Aufstiegschancen nicht zu verachten. Wer sich an Bord beweist, wird dafür nach Möglichkeit auch honoriert. Das kann schneller geschehen als angenommen: Da Verträge oft nur über vier bis sechs Monate laufen, können Beförderungen schnell stattfinden.

3.2 Organisationsstruktur

Wie in jedem Unternehmen an Land gibt es auch auf Kreuzfahrtschiffen eine Hierarchie. Zum einen ist die Schifffahrt noch immer eine sehr traditionsbewusste Branche, in der Regeln und Konventionen eine große Rolle spielen. Zum anderen ist es ohne klare Strukturen kaum möglich, eine große, multikulturelle Besatzung auf begrenztem Raum zu führen, ohne dass es zu Missverständnissen oder gar Unruhen kommt.

Die Organisationsstruktur auf Kreuzfahrtschiffen kann je nach Größe sehr stark variieren. So werden auf großen Schiffen einige Positionen mehrfach besetzt, die auf kleineren Schiffen wiederum überhaupt nicht vorhanden sind. Auch werden manche Positionen unter Umständen anderen Abteilungsleitern unterstellt. So kann ein Shore Excursion Manager entweder dem Cruise Director oder dem Hotel Manager untergeordnet sein. Bei einigen Reedereien gehört der Purser zum Deck Department, in der Regel aber ist er ebenfalls dem Hotel Manager unterstellt.

An Bord gibt es folgende Abteilungen:

- Deck Department
- Engine Department

- Hotel Department
- Cruise Department

Je nach Reederei können Deck und Engine zusammengefasst sein. Auch kann es vorkommen, dass das Cruise Department dem Hotelbereich unterstellt ist. Obgleich sich von Schiff zu Schiff leichte Unterschiede in der Organisationsstruktur erkennen lassen, bleibt die Grundstruktur stets bestehen.

Innerhalb der unterschiedlichen Bereiche teilt sich die Schiffscrew in folgende Ränge:

- Captain
- Senior Officers
- Junior Officers
- Staff
- Crew

Damit jeder sofort erkennt, wer vor einem steht, sind die Uniformen der Offiziere durch Streifen (Rang) und Symbole (Abteilung) gekennzeichnet.
Die folgende Tabelle dient lediglich zur groben Orientierung, da es auf jedem Schiff andere Positionen gibt und diese oft unterschiedlich eingeordnet werden.

Infobox Offiziersränge an Bord

Offiziersrang	**Deck**	**Engine**	**Hotel**
4 Streifen	Captain		
3,5 Streifen	Chief Officer	Chief Engineer	Hotel Manager
3 Streifen	Safety Officer, Doctor	1st Engineer, Chief Electrician	Executive Chef, Chief Purser, Food & Beverage Manager (F&B)
2 Streifen	Nautical Officer	2nd Engineer, 3rd Engineer, 2nd Electrician	Crew Purser, Inventory Controller, Housekeeper, Maître d'Hotel, Bar Manager
1 Streifen			Assistant Housekeeper, Assistant Maitre, Assistant Bar Manager

Die an Bord arbeitenden Künstler werden meistens als Staff bezeichnet. Auch hier gibt es keine feste Regelung. Auf manchen Schiffen fahren Entertainer in Festanstellung und gehören somit zur Crew, bei anderen Reedereien werden sie nur für eine bestimmte Reise angeheuert. Die restliche Crew setzt sich aus allen Restaurantstewards, Köchen, Kabinenstewardessen, Bar-Personal, Reiseleitern, Matrosen, Mechanikern und noch vielen anderen zusammen. Jede dieser Gruppen hat unterschiedliche Rechte und Pflichten. Offiziere haben Repräsentationspflichten und stehen im besonderen Gästekontakt. Sie haben Zugang zu allen Bars und öffentlichen Bereichen, die nicht direkt zu ihrem Arbeitsbereich gehören, um den Kontakt zu den Gästen zu pflegen und auf diese Weise die Reederei zu repräsentieren. Offiziere genießen in vielerlei Hinsicht Vorzüge an Bord. Neben der Crewmesse (Speiseraum) gibt es in der Regel eine Offiziersmesse, die ausschließlich ihnen zur Verfügung steht, oder sie können in den öffentlichen Restaurants essen. Entsprechend der Position werden die Kabinen verteilt. Je höher der Status, desto besser die Kabine. Während die Crew oft in Mehrbett-, meist Zweibettkabinen untergebracht wird, haben Offiziere Einzelkabinen und genießen häufig einen besonderen Kabinen- und Reinigungsservice.

Nachfolgend werden die Organisationsstrukturen der Schiffsabteilungen schematisch dargestellt. Als Neuling auf einem Schiff sollten Sie sich damit einen ersten Überblick verschaffen können, wer wo hingehört. Allerdings gilt auch hier, dass es sich lediglich um eine Verallgemeinerung handelt und es je nach Reederei und Größe der Schiffe zum Teil auch wesentliche Abweichungen geben kann.

Organigramme der Struktur an Bord eines Schiffes

Um einen besseren Überblick über die Hierarchie an Bord zu erhalten, finden Sie auf den nächsten Seiten eine Aufstellung der einzelnen Departments auf einem Kreuzfahrtschiff. Natürlich können diese Organigramme je nach Schiffsgröße variieren.

Organigramm aller Abteilungen

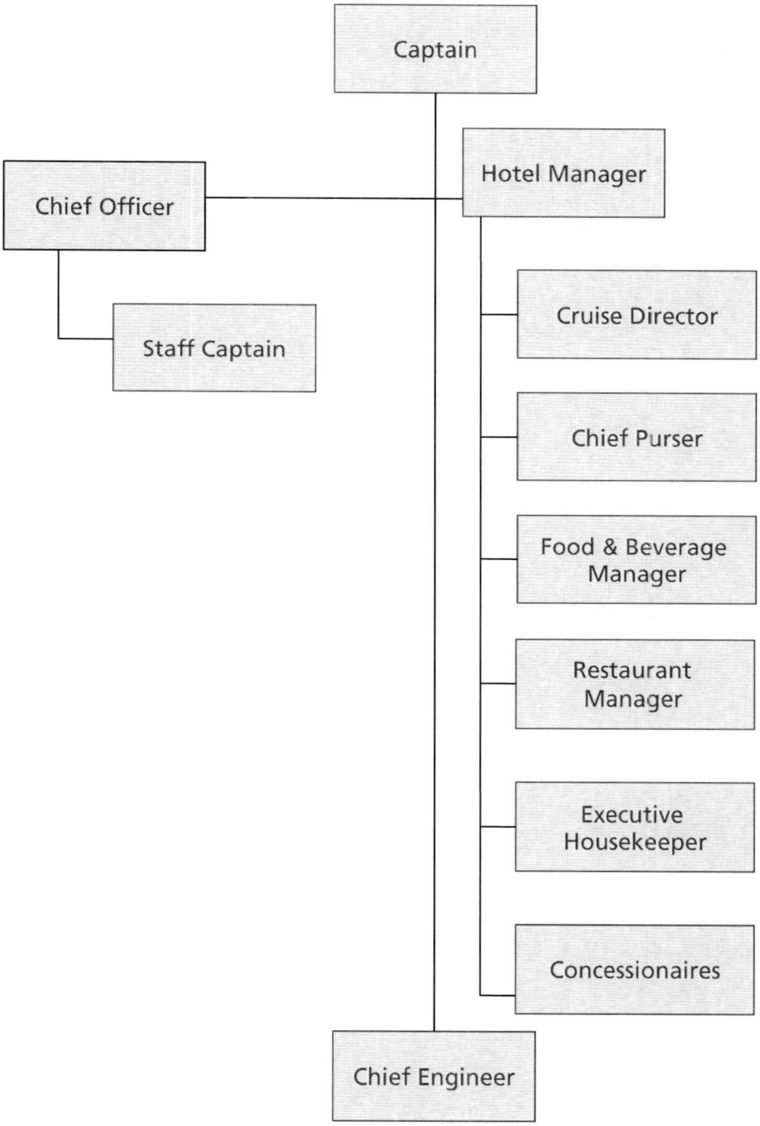

Schiffsmanagement – Die Abteilungen und ihre Leiter

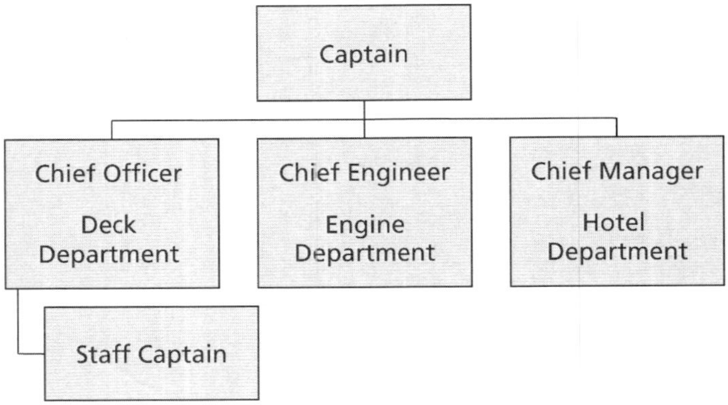

Deck Department

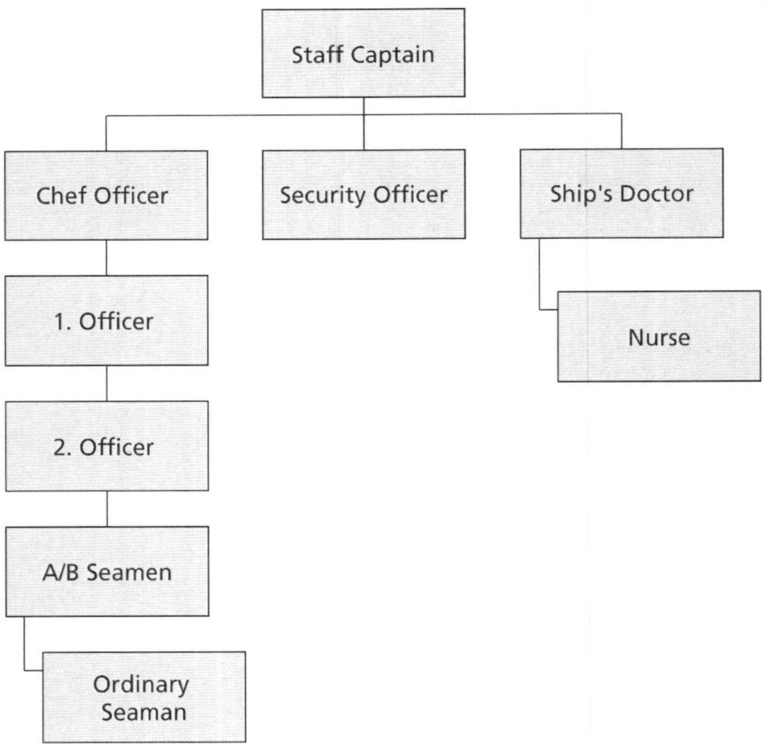

Engine Department

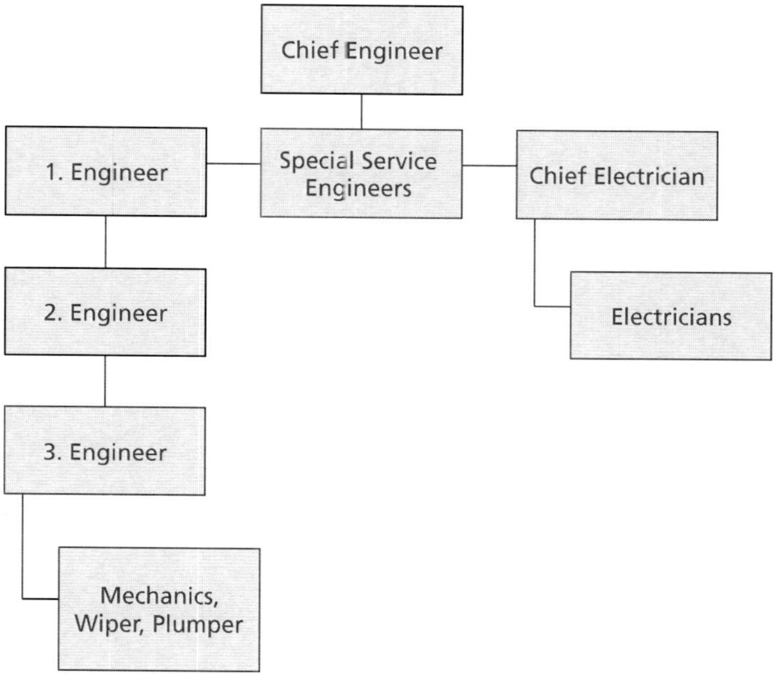

Hotel Department

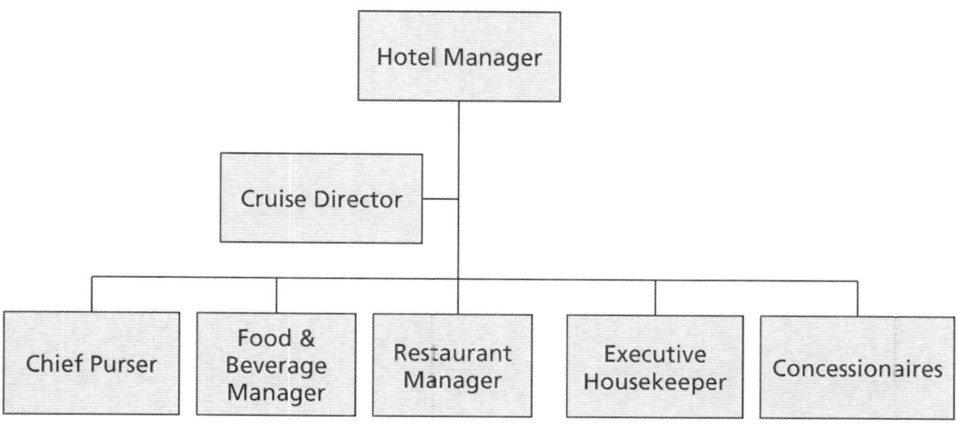

Administration und Rezeption

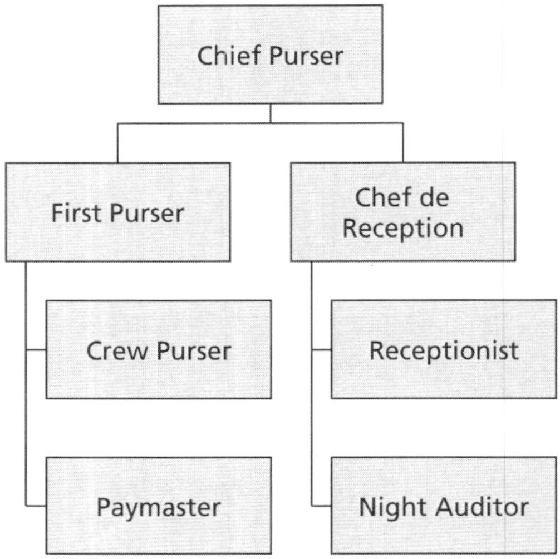

Housekeeping

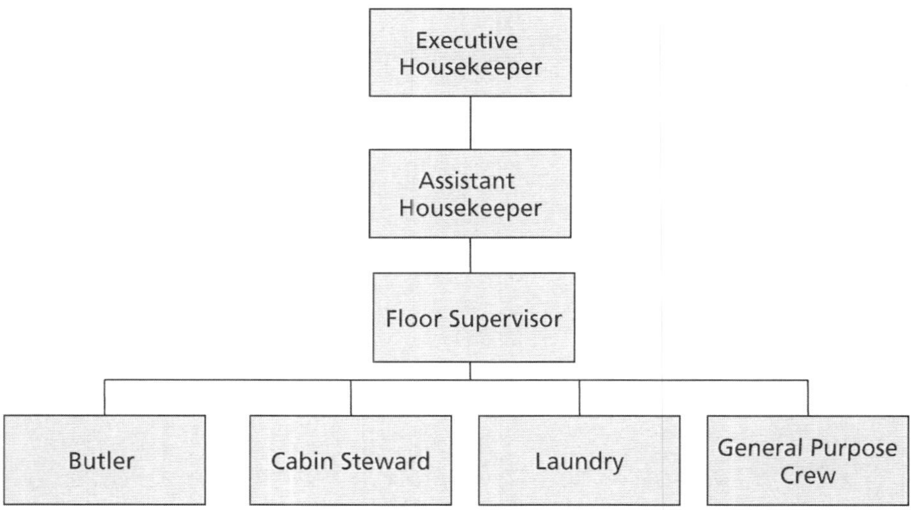

Food & Beverage

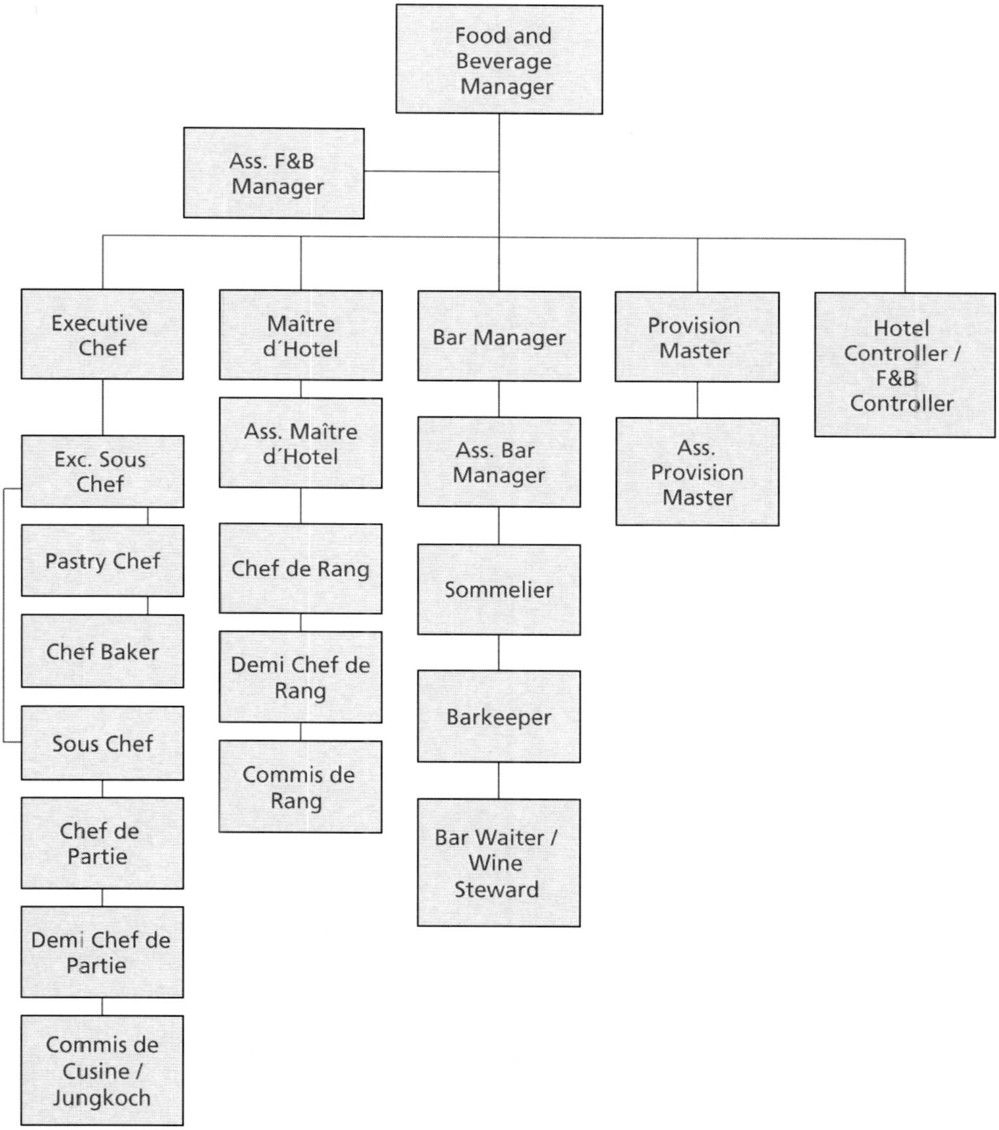

Cruise Department

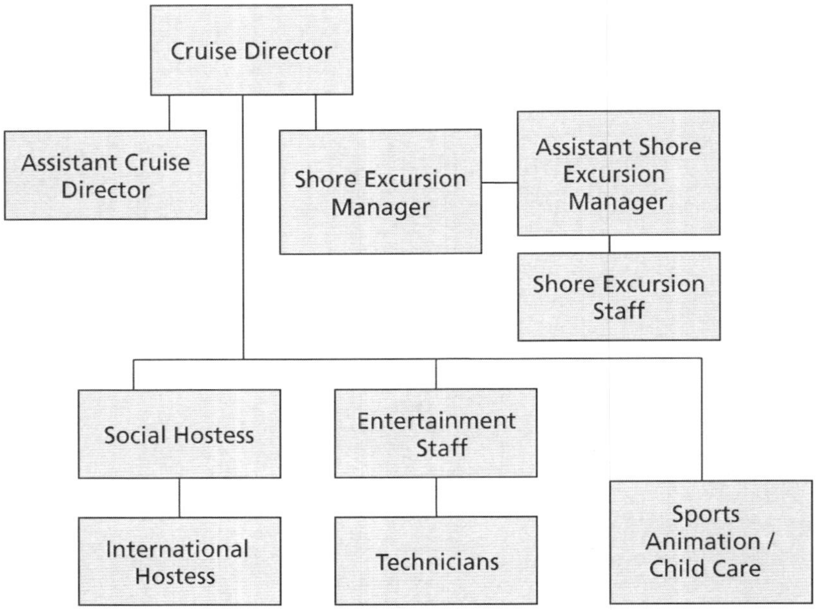

SeaDream Yacht Club Ltd is looking for professionals in the following departments:

Deck • Engine • Administration • Food and beverage • Housekeeping • Spa and hairdressing •Boutique • Activities and shore excursion

To apply: www.seadream.com

Successful candidates must be over 22 years old, have minimum two years relevant experience and speak fluent English.

With only 112 guests being pampered by an award-winning crew of 93, the level of attention and service we pay to each of our guests makes yachting aboard either one of our mega-yachts SeaDream I or SeaDream II, feel as if it is a private yacht.

SEADREAM
YACHT CLUB

3.3 Berufsprofile in alphabetischer Reihenfolge

An dieser Stelle möchten wir die gängigsten Berufe darstellen, die Sie an Bord eines Kreuzfahrtschiffes finden können. Die Berufsprofile sind in alphabetischer Reihenfolge angeordnet, nicht nach Hierarchiestufen an Bord.

Jeder, der sich für eine Anstellung an Bord bewirbt, sollte sich darüber im Klaren sein, dass alle Reedereien immer hohe Ansprüche an ihre Mitarbeiter stellen. Selbstverständlich kann das Jobangebot von Reederei zu Reederei variieren, und auch ist nicht jeder Beruf auf jedem Schiff zu finden. Weiterhin können von Arbeitgeber zu Arbeitgeber sowohl die jeweiligen Berufsbezeichnungen als auch die Inhalte und Aufgabenbereiche wechseln. Und schließlich werden Tätigkeitsschwerpunkte auf verschiedenen Schiffen von unterschiedlich vielen Personen ausgeübt.

Für die Richtigkeit und Vollständigkeit der Stellenbeschreibungen kann keine Gewähr übernommen werden.

Cruise Department

Gästebetreuer / Cruise Staff

Bereich: Cruise Department
Rang: Cruise Staff
Vorgesetzter: Cruise Director

Erforderliche Qualifikationen

- Fließende Englischkenntnisse, jede weitere Sprache von Vorteil
- Zweijährige Erfahrung im Bereich Gästebetreuung und Animation
- Praktische Erfahrung im Umgang mit dem Mikrofon und freiem Sprechen vor Publikum
- Schiffserfahrung vorteilhaft, aber nicht notwendig
- Solide PC-Kenntnisse in Microsoft Office, Kenntnisse in Buchungssystemen wie Fidelio vorteilhaft
- Vorkenntnisse im kreativen Bereich von Vorteil
- Gute Umgangsformen und ein gepflegtes Erscheinungsbild
- Folgende Charaktereigenschaften sind gewünscht:
  ◦ Organisationstalent ◦ Belastbarkeit und Flexibilität ◦ Teamfähigkeit
  ◦ Aufgeschlossenheit ◦ Kreativität ◦ Menschenkenntnis und Kontaktfreudigkeit

Zielsetzung

- Animation und Betreuung der Gäste nach Maßgabe des Standards der entsprechenden Reederei

Aufgaben / Pflichten

- Kontinuierliche Interaktion mit den Gästen (Animation und Unterhaltung, Socializing)
- Aktive Beteiligung an den verschiedenen Shows und Unterhaltungsprogrammen
- Teilnahme an der Ein- und Ausschiffung, bei repräsentativen Anlässen und unterschiedlichen Events
- Mitarbeit bei der Ausarbeitung des Animationsprogramms
- Bei Bedarf Begleitung der Landausflüge

Verantwortlichkeit und Kompetenzen

- Verantwortlichkeit für die Unterhaltung der Gäste und damit für deren Zufriedenheit

International Hostess / Social Hostess

Bereich:	Cruise Department
Rang:	International Hostess
Vorgesetzter:	Cruise Director

Erforderliche Qualifikationen

- Fließende Englischkenntnisse in Wort und Schrift, jede weitere Sprache wie Spanisch, Französisch oder Italienisch ist von Vorteil
- Praxiserfahrung im Dienstleistungsbereich (zum Beispiel Reiseleitung oder Rezeption)
- Erfahrung im Umgang mit dem Mikrofon und freiem Sprechen vor Publikum
- Erfahrung im Umgang mit internationalem Klientel
- Sehr gute Kenntnisse in Microsoft Office
- Sehr gute Umgangsformen sowie ein gepflegtes Erscheinungsbild

- Folgende Charaktereigenschaften sind gewünscht:
  - Taktgefühl ◦ Belastbarkeit ◦ Selbstständigkeit ◦ Kontaktfreudigkeit
  - Kommunikationsfähigkeit ◦ Teamfähigkeit

Zielsetzung

- Zentraler Ansprechpartner und „Dolmetscher" der nicht englischsprachigen Gäste

Aufgaben / Pflichten

- Durchführung einer Willkommensveranstaltung in verschiedenen Sprachen
- Begleitung der Gäste zu Landausflügen
- Dolmetscherfunktion
- Präsenz und Betreuung der Gäste bei verschiedenen Anlässen
- Teilweise Übersetzung der Tagesprogramme in die verschiedenen Sprachen
- Ansprechpartner bei Problemen und Wünschen der Gäste

Verantwortlichkeit und Kompetenzen

- Ist dem Cruise Director unterstellt

Kinderbetreuer / Youth Staff

Bereich:	Cruise Department
Rang:	Youth Staff
Vorgesetzter:	Cruise Director

Erforderliche Qualifikationen

- Fließende Englischkenntnisse, jede weitere Sprache ist von Vorteil
- Drei- bis fünfjährige Erfahrung im Umgang mit Kindern aller Altersstufen
- Abgeschlossene Ausbildung im pädagogischen Bereich von Vorteil
- Praktische Erfahrung in der Leitung von Kinder- und Jugendgruppen
- Computerkenntnisse in Microsoft Office
- Folgende Charaktereigenschaften sind gewünscht:
  - Organisationstalent ◦ Belastbarkeit und Geduld ◦ Flexibilität

- ○ Problemlösungskompetenz ○ Teamfähigkeit
- ○ Menschenkenntnis und soziale Kompetenz

Zielsetzung

- Animation und Betreuung der Kinder und Teenager an Bord unter Berücksichtigung der vorgegebenen Standards der entsprechenden Reederei

Aufgaben / Pflichten

- Entwicklung und Durchführung von unterschiedlichen altersgerechten Aktivitäten, unter Berücksichtigung des Alters und der speziellen Bedürfnisse der Kinder
- Teilnahme und Leitung von Spielen und Veranstaltungen, zum Beispiel Singen, Basteln und Aufsicht der Kinderdisko
- Teilnahme an Landausflügen, speziell für Kinder
- Vorbildfunktion (zum Beispiel für Ehrlichkeit und Diplomatie)
- Schlichtungen von Konflikten, Problemlösung
- Taktvolle Kommunikation mit den Eltern

Verantwortlichkeit und Kompetenzen

- Verantwortlichkeit für die Kinder und Teenager und Mitverantwortung für deren Sicherheit

Cruise Director / Kreuzfahrtdirektor

Bereich: Cruise Department
Rang: Cruise Director
Vorgesetzter: Hotel Manager

Erforderliche Qualifikationen

- Fließende Englischkenntnisse, jede weitere Sprache wie Spanisch, Französisch oder Italienisch ist von Vorteil
- Abgeschlossene Berufsausbildung im Tourismussektor
- Mindestens drei Jahre Praxiserfahrung in der Touristik inkl. Führungserfahrung

- Erfahrung mit der Moderation von Veranstaltungen und dem Umgang mit dem Mikrofon
- Schiffserfahrung wird meist vorausgesetzt
- Sehr gute Umgangsformen sowie ein gepflegtes Erscheinungsbild
- PC-Erfahrung mit MS Office
- Folgende Charaktereigenschaften sind gewünscht:
  - Organisationstalent
  - Aufgeschlossenheit und Begeisterungsfähigkeit
  - Selbstständigkeit
  - Kommunikationsfähigkeit
  - Führungstalent
  - Kreativität
  - Ausgeprägte soziale Kompetenz

Zielsetzung

- Organisation und Koordination des gesamten Unterhaltungsprogramms sowie Delegation von Aufgaben an entsprechende Mitarbeiter

Aufgaben / Pflichten

- Entwicklung des Unterhaltungsprogramms
- Korrespondenz mit dem Entertainment Department an Land
- Vorbereitung und Entwicklung des Tagesprogramms
- Koordination und Einsatz der Mitarbeiter des Cruise Departments
- Weiterbildung und Motivation der Mitarbeiter
- Koordination bei Ein- und Ausschiffung
- Tages-, Wochen- und Cruise-Reports an die Reederei

Verantwortlichkeit und Kompetenzen

- Weisungsbefugnis gegenüber allen Cruise-Department-Mitarbeitern (z. B. Reiseleitung, Hostess und Cruise Staff)

Shopkeeper

Bereich:	Cruise Department oder Konzessionär
Rang:	Shopkeeper
Vorgesetzter:	Shop Manager oder Konzessionär

Erforderliche Qualifikationen

- Sehr gute Englischkenntnisse
- Abgeschlossene Berufsausbildung und Berufserfahrung im Bereich Einzelhandel
- Erfahrung mit Kosmetik / Parfümerie / Schmuck / Mode
- Zahlenverständnis
- Erfahrung mit den gängigen MS-Office-Programmen
- Folgende Charaktereigenschaften sind gewünscht:
  ◦ Belastbarkeit ◦ Selbstständigkeit ◦ Kontaktfreudigkeit
  ◦ Organisationstalent ◦ Verkaufstalent

Zielsetzung

- Versorgung der Gäste mit Waren für den täglichen Bedarf, Verkauf von Mode, hochwertigem Schmuck, „Logo Waren", Parfüms und Kosmetika

Aufgaben / Pflichten

- Verkauf der Waren (wie Mode, Schmuck und Kosmetika) im Shop
- Annahme und Auszeichnung neuer Waren
- Dekoration des Shops
- Durchführen von Verkaufsveranstaltungen
- Inventur und Bestellungen von neuer Ware

Verantwortlichkeit und Kompetenzen

- Zuständigkeit für einen reibungslosen Ablauf im Shop und Erreichung des gewünschten Umsatzes

Sporttrainer / Sports Staff

Bereich: Cruise Department
Rang: Sports Staff
Vorgesetzter: Cruise Director

Erforderliche Qualifikationen

- Sehr gute Englischkenntnisse, jede weitere Sprache von Vorteil
- Abgeschlossene Berufsausbildung im Bereich Fitness oder Sport
- Berufserfahrung in der Animation im Hotel, Fitnessclub oder auf Kreuzfahrtschiffen
- Erfahrung im Umgang mit Menschen
- Detaillierte Kenntnisse in verschiedenen Sportarten
- Folgende Charaktereigenschaften sind gewünscht:
  - Organisationstalent ◦ Aufgeschlossenheit
  - Belastbarkeit ◦ Geduld
  - Kommunikationstalent ◦ Enthusiasmus
  - Teamfähigkeit

Zielsetzung

- Unterhaltung und Begeisterung der Gäste durch Sport
- Allgemeine Gästebetreuung

Aufgaben / Pflichten

- Entwicklung des täglichen Sportprogramms
- Erklärung und Demonstration von Sicherheitsregeln, Sportübungen und Sportgeräten
- Betreuung der Passagiere bei sportlicher Betätigung
- Gästebetreuung und Kontaktpflege auf den Sportdecks
- Begleitung der sportlichen Landausflüge
- Verwaltung des Sportequipments

Verantwortlichkeit und Kompetenzen

- Zuständigkeit für die sportliche Unterhaltung der Gäste

Sicherheitsoffizier / Security Officer

Bereich: Deck
Rang: Security Officer
Vorgesetzter: Chief Mate / Kapitän

Erforderliche Qualifikationen

- Fließende Englischkenntnisse
- Abgeschlossene Ausbildung im Security-Bereich erwünscht
- Mehrjährige Erfahrung im Security-Bereich
- Kenntnisse über alle geltenden Sicherheitsbestimmungen
- Folgende Charaktereigenschaften sind gewünscht:
  - Belastbarkeit und Disziplin
  - Durchsetzungsfähigkeit
  - Verantwortungsbewusstsein

Zielsetzung

- Verantwortlichkeit für die Sicherheit an Bord

Aufgaben / Pflichten

- Schulung der Mitarbeiter an Bord in Sicherheitsfragen
- Aktive Teilnahme an den Passagiersicherheitstrainings
- Ein- und Auschecken von Crew und Passagieren
- Sicherheitskontrollen im Hafen und an Bord

Verantwortlichkeit und Kompetenzen

- Verantwortlichkeit für die Sicherheit von Passagieren und Crew
- Weisungsbefugnis gegenüber den Mitarbeitern an der Gangway

Food & Beverage

Assistant Maître

Bereich:	Food & Beverage
Rang:	Assistant Maître
Vorgesetzter:	Maître / Hotel Manager

Erforderliche Qualifikationen

- Fließende Englischkenntnisse, jede weitere Sprache von Vorteil
- Abgeschlossene Ausbildung und Berufserfahrung
- Erfahrungen als Führungskraft
- Gute Produktkenntnisse (Weine, Speisen)
- Gute Kenntnisse der Hygienestandards und -vorschriften
- Folgende Charaktereigenschaften sind gewünscht:
  ◦ Organisationstalent ◦ Selbstständigkeit ◦ Führungsqualität
  ◦ Kommunikationsfähigkeit ◦ Teamfähigkeit ◦ Serviceorientiertheit

Zielsetzung

- Unterstützung des Maître bei der Führung des Restaurants

Aufgaben / Pflichten

- Führung und Motivation des Teams
- Kontrolle des Qualitätsstandards
- Vertretung des Maître bei kleineren Entscheidungen und in dessen Abwesenheit
- Begrüßung der Gäste im Restaurant

Verantwortlichkeit und Kompetenzen

- Verantwortlichkeit für den reibungslosen Ablauf im Restaurant
- Ansprechpartner für alle Restaurantmitarbeiter
- Briefing der Mitarbeiter
- Mithilfe bei der Durchführung von Mitarbeiterschulungen
- Weisungsbefugnis gegenüber dem Personal im Restaurant

Barkeeper / Bartender

Bereich: Food & Beverage
Rang: Bartender
Vorgesetzter: Bar Manager / Food & Beverage Manager

Erforderliche Qualifikationen

- Sehr gute Englischkenntnisse, jede weitere Sprache von Vorteil
- Abgeschlossene Berufsausbildung und/oder Barkeeperabschluss
- Zwei bis drei Jahre Berufserfahrung als Barkeeper an Land
- Gute Kenntnisse in Buchungsprogrammen, wie z. B. Micros oder Fidelio
- Sehr gute Umgangsformen und ein gepflegtes Erscheinungsbild
- Folgende Charaktereigenschaften sind gewünscht:
  - Organisationstalent
  - Flexibilität und Belastbarkeit
  - Selbstständigkeit
  - Teamfähigkeit und soziale Kompetenz
  - Fingerspitzengefühl im Umgang mit den Gästen

Zielsetzung

- Freundlicher und professioneller Getränkeservice nach den Vorgaben der Reederei
- Steigerung des Wohlbefindens und der Zufriedenheit der Gäste

Aufgaben / Pflichten

- Empfehlung und Herstellung von Cocktails, Longdrinks, Aperitifs, Digestifs, Weinen
- Kreation / Empfehlung eines Tagescocktails
- Einhaltung von Hygienestandards
- Motivation, Führung und Schulung der Barmitarbeiter
- Neubestellung in Absprache mit dem Bar Manager
- Kontrolle der gesamten Getränkebuchungen z. B. im Micros-System
- Inventur

Verantwortlichkeit und Kompetenzen

- Weisungsbefugnis gegenüber den Barmitarbeitern
- Verantwortlichkeit für den Barbereich

Bar Manager

Bereich:	Food & Beverage
Rang:	Bar Manager
Vorgesetzter:	Food & Beverage Manager / Hotel Manager

Erforderliche Qualifikationen

- Fließende Englischkenntnisse, jede weitere Sprache von Vorteil
- Abgeschlossene Berufsausbildung in der Hotellerie oder Gastronomie
- Mindestens ein bis zwei Jahre Erfahrung in einer gleichwertigen Position an Land oder an Bord
- Schiffserfahrung wird meist vorausgesetzt
- Kenntnisse in MS Office und allgemeine Computerkenntnisse, Micros oder Fidelio
- Erfahrungen im Umgang mit internationalen Hygienestandards
- Erfahrung in Mitarbeiterführung
- Gute Umgangsformen sowie ein gepflegtes Erscheinungsbild
- Folgende Charaktereigenschaften sind gewünscht:
  - Organisationstalent
  - Führungserfahrung und Disziplin
  - Vorbildfunktion
  - Teamfähigkeit und soziale Kompetenz
  - Belastbarkeit und Stressresistenz
  - Selbstständigkeit
  - Ausgeprägte Kommunikationsfähigkeit

Zielsetzung

- Organisation und Koordination des gesamten Getränkeservices an den Bars, in den Lounges und auf den Sonnendecks

Aufgaben / Pflichten

- Durchführung von Mitarbeitertrainings
- Durchführung der täglichen Meetings
- Erstellung von Dienstplänen
- Kontrollfunktion für Hygiene und Inventuren
- Sicherstellung der korrekten und ausreichenden Lagerhaltung in allen Bars
- Entwicklung und Update der Getränkekarte
- Bestellung sämtlicher alkoholischer und nicht alkoholischer Getränke

- Verantwortlichkeit für die Einhaltung des Budgets
- Tages-, Wochen- und Cruise Reports an die Reederei

Verantwortlichkeit und Kompetenzen

- Weisungsbefugnis gegenüber dem gesamten Barpersonal

Food & Beverage Manager

Bereich: Food & Beverage
Rang: Food & Beverage Manager
Vorgesetzter: Hotel Manager

Erforderliche Qualifikationen

- Fließende Englischkenntnisse
- Abschluss an der Hotelfachschule oder Universität bevorzugt, es wird aber auch entsprechende Berufserfahrung anerkannt
- Mehrjährige Erfahrung als Food & Beverage Manager
- Kenntnisse in Budgetierungs- und Finanzanalysetechniken
- Schiffs- und Auslandserfahrungen
- Sehr gute PC-Kenntnisse (Microsoft Office) und z. B. Fidelio
- Folgende Charaktereigenschaften sind gewünscht:
  ◦ Organisationstalent ◦ Führungsqualität und Teamfähigkeit
  ◦ Selbstständigkeit ◦ Belastbarkeit ◦ Vorbildfunktion und soziale Kompetenz

Zielsetzung

- Koordination und Kontrolle aller Food-&-Beverage-Abteilungen
- Qualitätssicherung aller Food-&-Beverage-Leistungen

Aufgaben / Pflichten

- Organisation des Tagesgeschäftes und spezieller Events
- Kontrolle der Inventuren der einzelnen Food & Beverage Outlets,
- Tägliche Kontrolle der Buffets, Service im Restaurant und im Lido

- Weiterleitung aller Food & Beverage Reports an die Reederei
- Kostenkontrolle der einzelnen Outlets
- Kontrolle der Einhaltung der internationalen Hygienestandards
- Entwicklung von On-Job-Trainingsprogrammen
- Verantwortlichkeit für die Einhaltung des Budgets
- Mitarbeiterbeurteilungen
- Tages-, Wochen- und Cruise Reports an die Reederei

Verantwortlichkeit und Kompetenzen

- Weisungskompetenz gegenüber allen Mitarbeitern im Food-&-Beverage-Bereich
- Vertretung des Hotel Managers in Abwesenheit

Getränkekellner / Bar Waiter

Bereich:	Food & Beverage
Rang:	Bar Waiter
Vorgesetzter:	Bar Manager / Food & Beverage Manager

Erforderliche Qualifikationen

- Gute Englischkenntnisse, jede weitere Sprache von Vorteil
- Abgeschlossene Berufsausbildung im Bereich der Gastronomie oder Hotellerie
- Je nach Reederei Erfahrung als Getränkekellner
- Kenntnisse über Cocktails, Longdrinks, Bier, Weine, Liköre und Brände
- PC-Kenntnisse, vorteilhaft auch ein Buchungssystem, wie z. B. Micros
- Gute Umgangsformen sowie ein gepflegtes Erscheinungsbild
- Folgende Charaktereigenschaften sind gewünscht:
    - Flexibilität und Belastbarkeit
    - Selbstständigkeit
    - Offenes und freundliches Wesen
    - Teamfähigkeit
    - Verkaufstalent

Zielsetzung

- Freundlicher und professioneller Getränkeservice nach den Vorgaben der Reederei
- Steigerung des Wohlbefindens und der Zufriedenheit der Gäste

Aufgaben / Pflichten

- Bedienung der Gäste mit Getränken jeder Art
- Beratung der Gäste bei Getränkefragen
- Annahme, Kontrolle und korrekte Lagerung von Getränkelieferungen
- Mithilfe bei der Inventur
- Einhalten der geltenden Hygienestandards

Verantwortlichkeit und Kompetenzen

- Verantwortlichkeit für einen hochwertigen Getränkeservice

Kellner / Chef de Rang

Bereich: Food & Beverage
Rang: Chef de Rang
Vorgesetzter: Maître / Food & Beverage Manager

Erforderliche Qualifikationen

- Gute Englischkenntnisse, jede weitere Sprache von Vorteil
- Abgeschlossene Berufsausbildung in der Gastronomie oder Hotellerie
- Je nach Reederei Berufserfahrung als Chef de Rang
- Gute Waren- und Produktkenntnisse
- Gute Umgangsformen sowie ein gepflegtes Erscheinungsbild
- Folgende Charaktereigenschaften sind gewünscht:
  - Organisationstalent ◦ Selbstständigkeit
  - Kommunikationsfähigkeit und Teamfähigkeit
  - Flexibilität ◦ Belastbarkeit

Zielsetzung

- Schneller, unaufdringlicher, professioneller und freundlicher Service am Gast, ohne ihn zu stören

Aufgaben / Pflichten

- Eindecken der Tische für fünf und mehr Gänge
- Servieren der verschiedenen Gänge
- Assistenz bei der Tischsuche und beim Platznehmen
- Präsentation und Erklärung des Menüs
- Teilnahme an den täglichen Menübesprechungen mit dem Maître
- Mithilfe beim Auf- und Abbau der Buffets
- Service auch auf den Kabinen / Suiten der Gäste

Verantwortlichkeit und Kompetenzen

- Gewährleistung eines reibungslosen Ablaufs in der zugeteilten Station
- Verantwortlichkeit für die unterstellten Mitarbeiter in der Station
- Verantwortlichkeit für einen hochwertigen Service, sowohl im Restaurants als auch an den Buffets und auf den Kabinen

Proviantmeister / Provision Master

Bereich:	Food & Beverage
Rang:	Provision Master
Vorgesetzter:	Hotel Manager / Food & Beverage Manager

Erforderliche Qualifikationen

- Sehr gute Englischkenntnisse, jede weitere Sprache von Vorteil
- Abschluss oder relevante Erfahrung im Catering-Bereich
- Detaillierte Kenntnisse in den Abläufen der Food-&-Beverage-Abteilung und der jeweiligen Outlets
- Gute Kenntnisse in der Buchhaltung und Budgetierung von Waren
- Sehr gute PC-Kenntnisse wie z. B. Micros oder Fidelio
- Sehr gute Waren- und Produktkenntnisse
- Gutes Zahlenverständnis
- Folgende Charaktereigenschaften sind gewünscht:
  ◦ Organisationstalent ◦ Belastbarkeit ◦ Selbstständigkeit
  ◦ Kommunikationsfähigkeit ◦ Hands-on-Mentalität

Zielsetzung

- Organisation, Koordination der gesamten Lagerhaltung an Bord inkl. Buchhaltung

Aufgaben / Pflichten

- Kontrollen von neuen Wareneingängen vor Ort
- Kontrolle der einzelnen Lager der Food & Beverage Outlets (Inventur, Mindesthaltbarkeit)
- Zusammenarbeit mit den einzelnen Abteilungsleitern
- Gewährleistung, dass alle Güter nach dem FIFO-System (First In, First Out) behandelt werden
- Aufnahme und Weiterleitung von Bestellungen
- Verantwortung für die Einhaltung der Hygienevorschriften in den einzelnen Lagern
- Mitarbeiterbeurteilungen
- Tages-, Wochen- und Cruise Reports an die Reederei
- Inventur

Verantwortlichkeit und Kompetenzen

- Weisungsbefugnis gegenüber allen Lagermitarbeitern

Sommelier

Bereich: Food & Beverage
Rang: Sommelier
Vorgesetzter: Maître / Hotel Manager

Erforderliche Qualifikationen

- Gute Englischkenntnisse, jede weitere Sprache von Vorteil
- Anerkanntes Sommelier-Diplom, kontinuierliche Weiterbildung
- Zwei Jahre Berufserfahrung als Sommelier in Hotel oder Restaurant
- Kenntnisse über Weine der Alten und Neuen Welt
- Kenntnisse in MS Office und Kassensystemen wie z. B. Micros oder Fidelio
- Kenntnisse in den gängigen Hygienevorschriften

- Sehr gute Umgangsformen sowie ein gepflegtes Erscheinungsbild
- Folgende Charaktereigenschaften sind gewünscht:
  - Organisationstalent ◦ Belastbarkeit
  - Freundlichkeit ◦ Selbstständigkeit
  - Präsentations- und Verkaufstalent
  - Teamfähigkeit

Zielsetzung

- Verantwortlichkeit für einen ausgezeichneten Weinservice im zugewiesenen Bereich
- Weiterbildung der Mitarbeiter

Aufgaben / Pflichten

- Entwicklung des und Mitwirkung beim Mitarbeitertraining und Weiterbildung
- Verantwortlichkeit für die Aktualisierung der Weinkarte
- Erstellung der Weinbestellung in Zusammenarbeit mit dem Food & Beverage Manager
- Verantwortlichkeit für die richtige Lagerung der Weine
- Beratung der Gäste bei der Wahl der Weine
- Organisation und Durchführung von Weinproben
- Inventur

Verantwortlichkeit und Kompetenzen

- Verantwortung für die Lagerung und den Verkauf der Weine sowie die Maximierung des Verkaufs

Hotel

Erster Zahlmeister / Chief Purser

Bereich:	Hotel
Rang:	Chief Purser
Vorgesetzter:	Hotel Manager

Erforderliche Qualifikationen

- Fließende Englischkenntnisse, jede weitere Sprache von Vorteil
- Abgeschlossene Berufsausbildung im Hotelbereich
- Mehrjährige Berufserfahrung in diesem Bereich
- Sehr gute Kenntnisse im Umgang mit PC und Microsoft-Anwendungen, Fidelio Cruises, Ving Card und Micros-Kassenapplikationen
- Führungserfahrung und Schifferfahrung
- Folgende Charaktereigenschaften sind gewünscht:

- Organisationstalent ○ Diplomatie und Problemlösungsfähigkeit
- Selbstständigkeit und Belastbarkeit
- Kommunikationsfähigkeit und Teamfähigkeit
- Belastbarkeit ○ Sehr gutes Zahlenverständnis

Zielsetzung

- Sicherung des reibungslosen Ablaufs des administrativen Schiffsbetriebes
- Führung des Front-Office-Bereiches
- Reibungsloser Ablauf bei Ein- und Ausklarierung des Schiffes
- Professioneller Umgang mit allen Gästeanfragen und Beschwerden

Aufgaben / Pflichten

- Führung des gesamten Front-Office-Bereiches
- Kontrolle der Bordkassen
- Verwaltung des Bargeldbestandes an Bord und Neubestellung
- Abrechnung aller bargeldlosen Zahlungsmittel
- Erstellung und Abrechnung aller Gästerechnungen
- Ansprechpartner der örtlichen Behörden und Hafenagenten
- Motivation und Weiterbildung der Mitarbeiter im Front Office
- Budgetkontrolle der Outlets
- Mitarbeiterbeurteilungen
- Tages-, Wochen- und Cruise Reports an die Reederei

Verantwortlichkeit und Kompetenzen

- Weisungsbefugnis gegenüber allen Mitarbeitern im Front Office

Erster Rezeptionist / First Receptionist

Bereich: Hotel
Rang: Chief Receptionist
Vorgesetzter: Purser / Hotel Manager

Erforderliche Qualifikationen

- Fließende Englischkenntnisse, jede weitere Sprache von Vorteil
- Abgeschlossene Berufsausbildung als Hotelfachassistent oder kaufmännische Ausbildung im Gastgewerbe
- Solide Kenntnisse in Buchungssystemen wie Fidelio sowie Kenntnisse in Microsoft Office
- Mindestens drei Jahre Berufserfahrung in ähnlicher Position
- Folgende Charaktereigenschaften sind gewünscht:
  ◦ Organisationstalent ◦ Diplomatie und Problemlösungsfähigkeit
  ◦ Selbstständigkeit ◦ Kommunikationsfähigkeit ◦ Belastbarkeit

Zielsetzung

- Gewährleistung eines reibungslosen und freundlichen Rezeptionsablaufes
- Gewährleistung des administrativen Ablaufes
- Führen, Betreuen und Coachen der unterstellten Mitarbeiter

Aufgaben / Pflichten

- Verantwortung für den Ablauf im Rezeptionsbereich
- Verantwortlichkeit für einen reibungslosen Check-in und Check-out der Gäste
- Durchführung und Kontrolle der Verkaufsstellenabrechnungen der einzelnen Outlets
- Organisation eines ordnungsgemäßen Postversandes
- Einteilen, Führen und Motivieren der Mitarbeiter
- „Troubleshooting“
- Stellvertretung des Chief Pursers

Verantwortlichkeit und Kompetenzen

- Weisungsberechtigung gegenüber den Rezeptionsmitarbeitern an Bord

Hausdame / Executive Housekeeper

Bereich: Hotel
Rang: Housekeeper
Vorgesetzter: Hotel Manager

Erforderliche Qualifikationen

- Fließende Englischkenntnisse, jede weitere Sprache von Vorteil
- Abgeschlossene Berufsausbildung in der Hotellerie, Hauswirtschaft
- Mindestens drei Jahre Erfahrung im Housekeeping-Bereich
- Schiffserfahrung von Vorteil
- Solide PC-Kenntnisse (Microsoft Office)
- Gute Umgangsformen / gepflegtes Erscheinungsbild
- Folgende Charaktereigenschaften sind gewünscht:
  - Organisationstalent ◦ Führungserfahrung ◦ Belastbarkeit
  - Kommunikationsfähigkeit und soziale Kompetenz
  - Teamfähigkeit und Flexibilität ◦ Hands-on-Mentalität

Zielsetzung

- Führen, Betreuen und Coachen der unterstellten Mitarbeiter aller offenen Räumlichkeiten an Bord der Gästekabinen und der Crew-Kabinen
- Gewährleistung optimaler Sauberkeit, Ordnung und Hygiene an Bord zur vollsten Zufriedenheit der Gäste unter Einhaltung des vorgegebenen Hygienestandards

Aufgaben / Pflichten

- Verantwortlichkeit für den gesamten Housekeeping-Bereich und die Schiffswäscherei
- Verantwortlichkeit für das Erreichen und Einhalten des vorgegebenen Standards im Housekeeping-Bereich
- Überprüfung und Kontrolle der Kabinen und sämtlicher öffentlicher Räume in Bezug auf Sauberkeit, Ordnung und Funktionalität
- Verantwortlichkeit für die korrekte Verteilung des Gepäcks, der Tagesprogramme, Giftorders und für den Turndown-Service (das Vorbereiten der Kabinen für die Nacht)
- Erstellen von Reparaturanforderungen

- Mitarbeiterbeurteilungen
- Tages-, Wochen- und Cruise Reports an die Reederei

Verantwortlichkeit und Kompetenzen

- Weisungsbefugnis gegenüber allen Mitarbeitern im Bereich Housekeeping
- Verantwortung für alle Abläufe innerhalb der Leistungserstellung für die Gäste

Hotel Inventory Controller

Bereich: Hotel
Rang: Hotel Inventory Controller
Vorgesetzter: Food & Beverage Manager / Hotel Manager

Erforderliche Qualifikationen

- Fließende Englischkenntnisse, jede weitere Sprache von Vorteil
- Abgeschlossene Berufsausbildung in der Hotellerie
- Mehrere Jahre Berufserfahrung und Schiffserfahrung von Vorteil
- Sehr gute Kenntnisse in Buchungssystemen wie Fidelio sowie in Microsoft Office
- Sehr gutes Zahlenverständnis
- Folgende Charaktereigenschaften sind gewünscht:
  - Organisationstalent
  - Diplomatie und Problemlösungsfähigkeit
  - Selbstständigkeit
  - Kommunikationsfähigkeit und Teamfähigkeit

Zielsetzung

- Verwaltung der Lagerbestände und Durchführung von Bestellungen
- Wahrung der Hygienerichtlinien im Food-&-Beverage-Bereich

Aufgaben / Pflichten

- Kontrolle sämtlicher Warenanlieferungen und Inventuren
- Eingabe der POS / Point of Sale / in das PC-Programm
- Erstellung von Kontrolllisten jeglicher Art für die Reederei

Verantwortlichkeit und Kompetenzen

- Verantwortung für alle Abläufe, die die Bestellung und Verwaltung von Waren an Bord betreffen

Hotel Manager

Bereich: Hotel
Rang: Hotel Manager
Vorgesetzter: Kapitän

Erforderliche Qualifikationen

- Fließende Englischkenntnisse, jede weitere Sprache von Vorteil
- Abgeschlossene Berufsausbildung in der Hotellerie, Abschluss an der Hotelfachschule von Vorteil
- Mehrjährige Erfahrung als Hotel Manager im In- und Ausland
- Meist wird Schiffserfahrung vorausgesetzt
- Erfahrung in der Leitung eines internationalen Teams
- Gehobene Führungsqualitäten (mindestens fünf Jahre)
- Sehr gute PC-Kenntnisse
- Folgende Charaktereigenschaften sind gewünscht:
  - Organisationstalent
  - Diplomatie und Problemlösungsfähigkeit
  - Selbstständigkeit ◦ Teamfähigkeit

Zielsetzung

- Führung und Motivation eines internationalen Teams
- Optimierung und Kontrolle der Serviceabläufe in allen Hotelbereichen
- Schaffung eines hohen Qualitätsstandards
- Sicherung der Zufriedenheit von Gästen und Crew

Aufgaben / Pflichten

- Sicherung des Qualitätsstandards in den zugeordneten Bereichen wie Food & Beverage, Personalbereich und Housekeeping
- Optimierung der Schnittstellen zwischen den einzelnen Abteilungen
- Planung von Trainingsmaßnahmen für das Personal
- Organisation von verschiedenen Specials und Events für die Gäste
- Durchführung von Department-Head Meetings
- Verantwortlichkeit für die Einhaltung des Budgets
- Tages-, Wochen- und Cruise Reports an die Reederei
- Beurteilungen der Abteilungsleiter

Verantwortlichkeit und Kompetenzen

- Weisungsbefugnis gegenüber allen Mitarbeitern im Bereich Hotel
- Verantwortung für alle Abläufe innerhalb der Leistungserstellung für die Gäste

Zimmermädchen / Cabin Stewardess

Bereich:	Hotel
Rang:	Cabin Stewardess
Vorgesetzter :	Executive Housekeeper

Erforderliche Qualifikationen

- Gute Englischkenntnisse
- Abgeschlossene Ausbildung im Hotel oder mindestens ein Jahr Berufserfahrung als Zimmermädchen in einem Hotel oder abgeschlossene Ausbildung als Hauswirtschafterin und Berufserfahrung
- Gepflegtes Erscheinungsbild
- Körperliche Belastbarkeit
- Folgende Charaktereigenschaften sind gewünscht:
  - Belastbarkeit ◦ Selbstständigkeit und Teamfähigkeit
  - Kommunikationsfähigkeit ◦ Hands-on-Mentalität

Zielsetzung

- Die Kabinenstewardess ist zuständig für saubere und dem Qualitätsstandard angemessene Gästekabinen und teilweise auch öffentliche Räume

Aufgaben / Pflichten

- Reinigung der Kabinen
- Handtuch- und Bettwäschewechsel
- Annahme von Gästewäsche für die Schiffswäscherei
- Bestückung und Kontrolle der Minibar
- Auffüllen des Kabineninventars
- Verteilung von Zeitungen, Tagesprogrammen und Post auf die Kabinen
- Meldung von Reparaturbedarf
- Teilweise auch servieren von Getränken und kleinen Speisen

Verantwortlichkeit und Kompetenzen

- Untersteht der Hausdame

Nacht-Rezeptionist / Night Audit

Bereich: Hotel
Rang: Night Audit
Vorgesetzter: Purser / Hotel Manager

Erforderliche Qualifikationen

- Sehr gute Englischkenntnisse, jede weitere Sprache von Vorteil
- Abgeschlossene Berufsausbildung in der Hotellerie oder kaufmännische Ausbildung im Hotelgewerbe, alternativ ein Abschluss an der Hotelfachschule oder einer Touristikfachschule
- Solide Kenntnisse in Buchungssystemen wie z. B. Fidelio sowie Kenntnisse in Microsoft Office
- Gute Umgangsformen sowie ein gepflegtes Erscheinungsbild
- Folgende Charaktereigenschaften sind gewünscht:

- Organisationstalent und Selbstständigkeit
- Diplomatie und Problemlösungsfähigkeit
- Belastbarkeit
- Gutes Zahlenverständnis

Zielsetzung

- Betreuung der Gäste während der Nacht
- Mitverantwortung für einen hervorragenden Service und Rezeptionsablauf im Front-Office-Bereich (für Crew und Gäste)

Aufgaben / Pflichten

- Übernahme aller Rezeptionsaufgaben, die in der Nacht anfallen
- Verbuchen der einzelnen Outlets – Bars, Spa, Shop, Wäscherei
- Kassensynchronisation während der Nacht
- Ansprechpartner der Gäste bei Problemen jeglicher Art

Verantwortlichkeit und Kompetenzen

- Zuständigkeit für die korrekte Abrechnung der einzelnen Kassen
- Verantwortlichkeit für die Erstellung der Gäste- und Crew-Rechnungen

Restaurantleiter / Maître D'

Bereich:	Hotel
Rang:	Maître D'
Vorgesetzter:	Hotel Manager

Erforderliche Qualifikationen

- Fließende Englischkenntnisse, jede weitere Sprache von Vorteil
- Abgeschlossene Berufsausbildung in der Gastronomie
- Mindestens drei Jahre Erfahrung in einer Food-&-Beverage-Führungsposition
- Schiffserfahrung wird meist vorausgesetzt
- Sehr gute Produktkenntnisse
- Sehr gute Weinkenntnisse – Alte und Neue Welt

- Solide Kenntnisse mit Kassensystemen sowie Kenntnisse in Microsoft Office
- Sehr gute Umgangsformen und ein sehr gepflegtes Erscheinungsbild
- Folgende Charaktereigenschaften sind gewünscht:
    - Organisationstalent und Selbstständigkeit
    - Führungsqualität und Teamfähigkeit
    - Taktgefühl und Fingerspitzengefühl
    - Sehr gute soziale Kompetenz
    - Menschenkenntnis ◦ Gastgeber-Mentalität

Zielsetzung

- Einhaltung des vorgegebenen Hygienestandards
- Führen, Betreuen und Coachen der unterstellten Mitarbeiter
- Freundlicher und professioneller Service im Restaurant und in den öffentlichen Räumen zur vollsten Zufriedenheit der Gäste
- Einhaltung des Budgets und Optimierung des Umgangs mit Waren und Equipment

Aufgaben / Pflichten

- Verantwortung für den gesamten Restaurantbereich, das Lido-Deck, die Buffets und auch den Room Service
- Bestellungen für den Restaurantbereich in Zusammenarbeit mit dem Hotel Manager sowie die Annahme und Kontrolle der Warenlieferung
- Kontrolle der Kosten und Einhaltung der Budgetzahlen im Restaurantbereich
- Einteilen, Führen und Motivieren der Servicemitarbeiter
- Vornehmen der Tischreservierung unter Berücksichtigung der Passagierwünsche
- Organisation, Mithilfe und Überwachung von sämtlichen Food-&-Beverage-Aktivitäten und Events
- Empfang und Verabschiedung der Gäste zu jeder Mahlzeit
- Dienstplanerstellung und Mitarbeiterbeurteilung

Verantwortlichkeit und Kompetenzen

- Weisungsbefugnis gegenüber allen Mitarbeitern im Servicebereich, teilweise auch dem Barpersonal und den Sommeliers

Rezeptionist / Receptionist

Bereich: Hotel
Rang: Receptionist
Vorgesetzter: Zahlmeister / Hotel Manager

Erforderliche Qualifikationen

- Fließende Englischkenntnisse, jede weitere Sprache von Vorteil
- Abgeschlossene Berufsausbildung in der Hotellerie oder kaufmännische Ausbildung im Hotelgewerbe, alternativ ein Abschluss an der Hotelfachschule oder einer Touristikfachschule
- Solide Kenntnisse in Buchungssystemen wie z. B. Fidelio sowie Kenntnisse in Microsoft Office
- Sehr gute Umgangsformen, gepflegtes Erscheinungsbild
- Folgende Charaktereigenschaften sind gewünscht:
  - Organisationstalent ◦ Diplomatie und Problemlösungsfähigkeit
  - Selbstständigkeit ◦ Belastbarkeit ◦ Gute Menschenkenntnis
  - Ausgesprochene Kommunikationsfähigkeit

Zielsetzung

- Schaffung eines hohen Qualitätsstandards
- Sicherung der Zufriedenheit der Gäste
- Mitverantwortung für einen hervorragenden Service und Rezeptionsablauf im Front-Office-Bereich

Aufgaben / Pflichten

- Sicherung der Zufriedenheit der Gäste an Bord
- Verbuchung der einzelnen Outlets (Wäscherei, Minibar, Spa, Shops etc.)
- Hilfe bei der Ein- und Ausschiffung
- Problemlösungen jeglicher Art, Auskünfte jeder Art
- Erstellung und Abrechnung sämtlicher Gästerechnungen, mit den verschiedenen Zahlungsmöglichkeiten
- Organisation des Fundbüros

Verantwortlichkeit und Kompetenzen

- Erstkontakt mit den Gästen, Schnittstelle zwischen Gast und allen anderen Abteilungen auf dem Schiff, Beschwerdemanagement, Sicherstellung der Gästezufriedenheit, Zahlungsverkehr / Geldwechsel

Stellvertretender Housekeeper / Assistant Housekeeper

Bereich: Hotel
Rang: Assistant Housekeeper
Vorgesetzter: Housekeeper / Hotel Manager

Erforderliche Qualifikationen

- Sehr gute Englischkenntnisse, jede weitere Sprache von Vorteil
- Berufserfahrung im Housekeeping
- Schiffserfahrung von Vorteil
- Fundierte Kenntnisse in MS Office
- Kenntnisse der geltenden Hygienevorschriften
- Folgende Charaktereigenschaften sind gewünscht:
  - Belastbarkeit und Stressresistenz
  - Selbstständigkeit ○ Dienstleistungsorientiertheit
  - Teamfähigkeit und Flexibilität
  - Organisationstalent
  - Hands-on-Mentalität

Zielsetzung

- Arbeiten nach den Reederei-Vorschriften und Einhaltung aller für den Bereich relevanten Richtlinien und Standards

Aufgaben / Pflichten

- Erstellung von Dienst- und Side-Duty-Plänen
- Tägliche Inspektion des zugewiesenen Bereiches hinsichtlich Sauberkeit und Reparaturbedarf.

- Kontrolle der Einhaltung aller Standards und Richtlinien, Berichterstattung an den Vorgesetzten, Umsetzung resultierender Maßnahmen
- Organisation, Beaufsichtigung und Dokumentation des Gepäckhandlings an Bord
- Bereitstellung von Gästewünschen: Blumen, Champagner etc.

Verantwortlichkeit und Kompetenzen

- Einsatz durch den Executive Housekeeper
- In Zusammenarbeit mit dem Housekeeper zuständig für Sauberkeit und Ordnung in allen öffentlichen Räumen sowie im Kabinen- und Crew-Bereich

Zahlmeister für die Besatzung / Crew Purser

Bereich:	Hotel
Rang:	Crew Purser
Vorgesetzter:	Chief Purser / Hotel Manager

Erforderliche Qualifikationen

- Sehr gute Englischkenntnisse, jede weitere Fremdsprache von Vorteil
- Abgeschlossene Berufsausbildung im Hotel oder Personalbereich
- Schiffserfahrung von Vorteil
- Erfahrung in der Personalarbeit von Vorteil
- Folgende Charaktereigenschaften sind gewünscht:
  - Hohe soziale Kompetenz ◦ Belastbarkeit
  - Selbstständigkeit ◦ Teamfähigkeit
  - Organisationstalent ◦ Sehr gute Menschenkenntnis
  - Gutes Einfühlungsvermögen, auch in Menschen anderer Nationalitäten

Zielsetzung

- Unterstützung des Chief Pursers und selbstständige Durchführung aller die Crew betreffenden Aufgaben

Aufgaben / Pflichten

- Empfang der Crew an Bord
- Durchführung aller die Crew betreffenden administrativen Tätigkeiten
- Mithilfe bei der Ein- und Ausklarierung des Schiffes
- „Sign-on & Sign-off" der Crew, d. h. Ein-und Ausstiege der Crew mit sämtlichen dazugehörigen Formalitäten
- Berechnung und Auszahlung der Heuer
- Ausgabe und Kontrolle der Crew-Kabinenschlüssel
- Ansprechpartner bei den verschiedensten Problemen der Crew
- Enge Zusammenarbeit mit allen Abteilungsleitern in Bezug auf Beurteilungen, Verwarnungen, Beförderungen etc.
- Führung der Crew / Personalakten
- Enge Zusammenarbeit mit der Reederei und den örtlichen Behörden und Agenturen bei Ein- und Ausstiegen der Crew, Flügen, Transfers, Visa, Medicals etc.

Verantwortlichkeit und Kompetenzen

- Verantwortung für alle crewbetreffenden Aufgaben
- Weisungsbefugnis gegenüber den Rezeptionsmitarbeitern

Zweiter Zahlmeister / Second Purser

Bereich:	Hotel
Rang:	Second Purser
Vorgesetzter:	Chief Purser / Hotel Manager

Erforderliche Qualifikationen

- Sehr gute Englischkenntnisse, jede weitere Fremdsprache von Vorteil
- Mindestens zwei Jahre Erfahrung im Rezeptionsbereich
- Gute Kenntnisse in administrativen und finanziellen Aufgaben
- Sehr gute Computerkenntnisse und Kenntnisse in Programmen wie Fidelio und Microsoft Office
- Folgende Charaktereigenschaften sind gewünscht:
  - Taktgefühl
  - Belastbarkeit

- Selbstständigkeit ◦ Organisationstalent
- Führungstalent und Teamfähigkeit

Zielsetzung

- Zuständigkeit für den reibungslosen Zahlungsablauf an Bord
- Verantwortlichkeit für einen reibungslosen Ablauf bei der Ein- und Ausschiffung und für die Vorbereitung der Unterlagen für die Ein- und Ausklarierung des Schiffes

Aufgaben / Pflichten

- Verantwortung für die korrekte Abrechnung der Gäste
- Mithilfe bei der Ein- und Ausklarierung des Schiffes und beim Ein- und Auschecken der Gäste zu Beginn und Ende der Reise
- Kommunikation mit den lokalen Schiffsagenten
- Training und Vorbild der Rezeptionsmitarbeiter
- Ansprechpartner für Fremdwährungen / Geldwechsel
- Ansprechpartner bei Gästebeschwerden, Verfolgung des Vorganges
- Erstellen des Einsatzplans der Rezeption

Verantwortlichkeit und Kompetenzen

- Weisungsbefugnis gegenüber den Rezeptionsmitarbeitern

Schöne Aussichten für Ihre Karriere

CSM sucht junge qualifizierte Mitarbeiter für die MS ASTOR

2012

20. Mai 2012

List auf Sylt

17. Jun 2012

Überquerung des nördlichen Polarkreises

18. Jul 2012

Sassnitz auf Rügen

18. Aug 2012

Hamburg Cruise Days

08. Dez 2012

Herakleon
onnenuntergang
&
riechischer Wein

05. Nov 2012

Markusplatz
Gibt es mehr Tauben oder Touristen in Venedig?

2013

21. Jan 2013

Schnorcheln auf den Seychellen

17. Jan 2013

Malediven ohne Worte ...

2013

29. Jan 2013

Mombasa
Auf der Suche nach den Big 5

10. Feb 2013

Port Louis Mauritius

Seetag

Begegnung auf See

24. - 26. Feb

3 Tage Kapstadt!!!

... schon beworben?
csm.cruise.services@csm-d.com

01. Mar 2013

Namibia
andere Länder ...
andere Kleidung.

10. Jul 2013

SCHWEDEN

02. Sep 2013

Dubrovnik
Ritter & andere Helden gesucht!

2014

Feb 2014

Sydney Australien
Einmal down-under und zurück ☺

Mar 2014

Bali

Küche

Bäcker / Baker

Bereich: Küche
Rang: Baker
Vorgesetzter: Chef de Cuisine

Erforderliche Qualifikationen

- Gute Englischkenntnisse
- Abgeschlossene Berufsausbildung als Bäcker
- Idealerweise zwei Jahre Berufserfahrung als Bäcker
- Kenntnisse der geltenden Hygienevorschriften
- Folgende Charaktereigenschaften sind gewünscht:
  ○ Flexibilität ○ Belastbarkeit ○ Teamfähigkeit
  ○ Stressresistenz ○ Kreativität

Zielsetzung

- Verantwortlichkeit für die Herstellung aller Backwaren auf höchstem Niveau

Aufgaben / Pflichten

- Herstellung von Brötchen, Baguette, Brot, verschiedenen Backwaren – auch mehrmals am Tag oder in der Nacht
- Zubereitung von Kuchen, auch für Geburtstage und andere Feierlichkeiten
- Herstellung verschiedener Kekssorten
- Erstellung von dekorativen Schaustücken für die Buffets
- Einweisung, Motivation und Weiterbildung der Assistenten
- Bestellung für die Bäckerei in Absprache mit dem Chef de Cuisine
- Mitverantwortung für eine den Hygienestandards entsprechende Lagerung der Lebensmittel

Verantwortlichkeit und Kompetenzen

- Weisungsbefugnis gegenüber den Assistenten

Jungkoch / Commis de Cuisine

Bereich: Küche
Rang: Commis de Cuisine
Vorgesetzter: Sous Chef / Chef de Cuisine

Erforderliche Qualifikationen

- Solide Englischkenntnisse, weiterführende Englischkenntnisse von Vorteil
- Abgeschlossene Berufsausbildung als Koch
- Je nach Reederei idealerweise sechs Monate plus Berufserfahrung
- Basiswissen zu geltenden Hygiene- und Gesundheitsstandards
- Folgende Charaktereigenschaften sind gewünscht:
  - Flexibilität
  - Belastbarkeit
  - Teamfähigkeit
  - Lernbereitschaft

Zielsetzung

- Zubereitung einzelner Bestandteile eines Menüs
- Assistenz beim Garnieren, beim Erstellen der Präsentation und beim Buffetaufbau

Aufgaben / Pflichten

- Mithilfe bei der Annahme von Waren
- Gewährleistung, dass Rezepte und Präsentation einzelner Gerichte richtig sind
- Aktive Mithilfe bei der Herstellung einzelner Speisen
- Einhalten der zeitlichen Vorschriften
- Reinigung des zugeteilten Bereiches gemäß den geltenden Hygienevorschriften

Verantwortlichkeit und Kompetenzen

- Ist dem Chef de Partie unterstellt
- Übt die Assistenzfunktion eines Koches aus

Koch / Chef de Partie

Bereich: Küche
Rang: Chef de Partie
Vorgesetzter: Chef de Cuisine

Erforderliche Qualifikationen

- Gute bis sehr gute Englischkenntnisse, jede weitere Sprache von Vorteil
- Abgeschlossene Berufsausbildung als Koch
- Mindestens zwei Jahre Berufserfahrung als Chef de Partie
- Auslandserfahrungen sind von Vorteil
- Gute Produktkenntnisse, auch ausländische
- Kenntnisse der geltenden Gesundheits- und Hygienestandards
- Folgende Charaktereigenschaften sind gewünscht:
  - Organisationstalent
  - Belastbarkeit
  - Stressresistenz
  - Führungsqualitäten und Teamfähigkeit
  - Selbstständigkeit

Zielsetzung

- Verantwortlichkeit für die Zubereitung eines ausgezeichneten Menüs
- Verantwortlichkeit für das richtige Anrichten von Speisen
- Verantwortlichkeit für die Organisation innerhalb seiner Station

Aufgaben / Pflichten

- Sicherstellen, dass die Jungköche und Assistenten ihre Aufgaben richtig ausführen
- Motivation und Schulung der unterstellten Mitarbeiter
- Zuständigkeit für das Garnieren der fertigen Speisen
- Unterstützende Funktion bei der Präsentation der Speisen
- Bestellung von Waren in Absprache mit dem Chef de Cuisine oder dem Proviantmeister
- Inventur der eigenen Station
- Gewährleistung eines sorgsamen Umganges mit den Speisen unter Einhaltung der geltenden internationalen Hygienevorschriften
- Reinigung der zugewiesenen Stationen

Verantwortlichkeit und Kompetenzen

- Weisungsbefugnis gegenüber den Jungköchen und Assistenten
- Verantwortlichkeit für den geregelten Ablauf innerhalb der zugewiesenen Station

Konditor / Pastry Chef

Bereich:	Küche
Rang:	Pastry Chef
Vorgesetzter:	Chef de Cuisine

Erforderliche Qualifikationen

- Sehr gute oder fortgeschrittene Englischkenntnisse
- Abgeschlossene Berufsausbildung als Konditor
- Mindestens zwei Jahre Berufserfahrung als Konditor
- Kenntnisse der geltenden Hygienevorschriften
- Kenntnisse internationaler Konditoreiwaren sowie Diätbackwaren
- Folgende Charaktereigenschaften sind gewünscht:
  - Flexibilität ◦ Belastbarkeit
  - Führungsqualität ◦ Teamfähigkeit
  - Viel Kreativität

Zielsetzung

- Verantwortlichkeit für die Zubereitung von Desserts, Sorbets, Pralinen, Schaustücken, Eis, Cremes und weiteren Konditoreierzeugnissen auf höchstem Qualitätsniveau sowie warme Desserts

Aufgaben / Pflichten

- Zubereitung von warmen und kalten Desserts sowie sämtlichen Süßspeisen
- Herstellung von Schaustücken für die Buffets
- Einweisung, Motivation und Weiterbildung der Assistenten
- Inventur und Bestellung für den eigenen Bereich in Absprache mit dem Chef de Cuisine
- Mitverantwortung für eine den Hygienestandards entsprechende Lagerung der Speisen

- Reinigung des Arbeitsplatzes gemäß den geltenden Hygienestandards
- Mitarbeiterbeurteilungen

Verantwortlichkeit und Kompetenzen

- Weisungsbefugnis gegenüber den Assistenten

Küchenchef / Executive Chef

Bereich:	Küche
Rang:	Executive Chef
Vorgesetzter:	Food & Beverage Manager / Hotel Manager

Erforderliche Qualifikationen

- Fließende Englischkenntnisse
- Abgeschlossene Berufsausbildung als Koch
- Weiterbildung zum Küchenmeister vorteilhaft
- Mehrjährige Erfahrung als Koch, mehrjährige Praxiserfahrung als Küchenchef
- Schiffserfahrung wird meist vorausgesetzt
- Sehr gute Computerkenntnisse und Kenntnisse in der Warenwirtschaft
- Budgetsicherheit, gute Kalkulationskenntnisse
- Hervorragende nationale und internationale Produktkenntnisse
- Erfahrungen im Umgang mit internationalen Hygienestandards
- Fähigkeit, ein internationales Team zu führen
- Folgende Charaktereigenschaften sind gewünscht:
  - Organisationstalent ◦ Selbstständigkeit ◦ Belastbarkeit, Stressresistenz
  - Teamfähigkeit ◦ soziale Kompetenz ◦ Motivationsfähigkeit

Zielsetzung

- Führung, Training und Motivation aller Küchenmitarbeiter
- Versorgung der Gäste mit hochwertigen Speisen
- Pflege des Warenbestandes

Aufgaben / Pflichten

- Umsetzung der vorgegebenen Menue Cycles an Bord
- Verantwortlichkeit für kontinuierliches Training, Weiterbildung und Motivation der Mitarbeiter
- Sicherstellen der Produktqualität
- Aufnahme der Bestellungen (enge Zusammenarbeit mit Provision Master und Hotel Manager)
- Kontrolle der Kosten und der Budgeteinhaltung
- Umsetzung von Reinigungsplänen sowie Kontrolle der Einhaltung
- Kreieren und Schreiben neuer Menüs und Tages-Specials
- Schreiben der Mitarbeiterbeurteilungen

Verantwortlichkeit und Kompetenzen

- Weisungskompetenz gegenüber allen Mitarbeitern in der Küche, Konditorei und Bäckerei

Stellvertretender Küchenchef / Executive Sous Chef

Bereich:	Küche
Rang:	Executive Sous Chef
Vorgesetzter:	Executive Chef / Chef de Cuisine

Erforderliche Qualifikationen

- Fließende Englischkenntnisse, jede weitere Sprache von Vorteil
- Abgeschlossene Berufsausbildung als Koch, mehrjährige Berufserfahrung
- Erfahrung in allen Küchenbereichen
- Schiffserfahrung von Vorteil
- Sehr gute Erfahrung in Mitarbeiterführung
- Sehr gute PC-Kenntnisse und Kenntnisse von gängigen Warenwirtschaftsprogrammen
- Folgende Charaktereigenschaften sind gewünscht:
  ◦ Organisationstalent ◦ Belastbarkeit und Stressresistenz ◦ Selbstständigkeit
  ◦ Führungsqualitäten und Teamfähigkeit ◦ Fähigkeit zur Problemlösung
  ◦ Hands-on-Mentalität ◦ Motivationsfähigkeit

Zielsetzung

- Koordination und Management der einzelnen Stationen im Küchenbereich und auch im Außenbereich, wie z. B. Buffets
- Sicherung der Qualität der Speisen und ihrer Präsentation

Aufgaben / Pflichten

- Vertretung des Küchenchefs während dessen Abwesenheit
- Mitverantwortung für den reibungslosen Ablauf im Küchenbereich
- Einhaltung und Kontrolle der Hygienevorschriften
- Detaillierte Anweisungen an die einzelnen Stationen, um einen geregelten Ablauf im Küchenbereich zu gewährleisten
- Einweisung und Schulung der Mitarbeiter
- Kontrolle der Inventuren
- Bestellungen in Zusammenarbeit mit dem Proviantmeister und dem Executive Chef

Verantwortlichkeit und Kompetenzen

- Weisungsbefugnis gegenüber allen Mitarbeitern der einzelnen Stationen
- Unterstützung bei der Küchenpersonalplanung und Motivation der Mitarbeiter

Shore Excursions

Ausflugsmanager / Shore Excursion Manager

Bereich: Shore Excursions
Rang: Shore Excursion Manager
Vorgesetzter: Cruise Director

Erforderliche Qualifikationen

- Fließende Englischkenntnisse, jede weitere Sprache von Vorteil
- PC-Kenntnisse, besonders in Microsoft Office
- Erfahrung im Bereich der Touristik
- Praxiserfahrung im Verkauf von Ausflügen und im Kundenservice

- Schiffserfahrung sowie Erfahrung mit Destinationen von Vorteil
- Sehr gute Umgangsformen sowie ein gepflegtes Erscheinungsbild
- Folgende Charaktereigenschaften sind gewünscht:
  - Organisationstalent und Selbstständigkeit
  - Belastbarkeit und Stressresistenz ○ Teamfähigkeit
  - Motivationstalent und Begeisterungsfähigkeit
  - Verkaufstalent ○ Großes Interesse an fremden Ländern und Kulturen

Zielsetzung

- Organisation der Landausflüge für die Passagiere und Steigerung der An-Bord-Einnahmen durch Verkauf von Landausflügen und auch Kreuzfahrten an Bord

Aufgaben / Pflichten

- Sicherstellung einer konstanten Qualität der Ausflüge
- Entwicklung und Umsetzung des Ausflugsplanes
- Organisation der An- und Abreise der Gäste mit Bussen oder dem Flugzeug (Verteilen der Kofferanhänger, Aufteilung der Gäste in die Busse)
- Abrechnung und Verhandlung mit den örtlichen Agenturen
- Motivation und Schulung der Mitarbeiter
- Präsentation der einzelnen Ausflüge / Zielgebiete, so genannte „Port Talks"
- Abrechnung der Ausflüge an Bord mit den Passagieren bzw. den Agenturen an Land

Verantwortlichkeit und Kompetenzen

- Verantwortung für alle Mitarbeiter des Shore Excursions Departments

Reiseleiter / Shore Excursion Staff

Bereich: Shore Excursions
Rang: Shore Excursion Staff
Vorgesetzter: Shore Excursion Manager

Erforderliche Qualifikationen

- Fließende Englischkenntnisse, jede weitere Sprache von Vorteil
- Abgeschlossene Berufsausbildung
- Mindestens ein bis zwei Jahre Berufserfahrung als Reiseleiter
- Solide Kenntnisse in Microsoft Office
- Gute Umgangsformen sowie ein gepflegtes Erscheinungsbild
- Folgende Charaktereigenschaften sind gewünscht:
  - Organisationstalent ◦ Verkaufstalent
  - Diplomatie und Problemlösungsfähigkeit
  - Selbstständigkeit ◦ Kommunikationsfähigkeit
  - Teamfähigkeit ◦ Interesse an fremden Ländern und Kulturen

Zielsetzung

- Begleitung und Information der Gäste bei den Landausflügen

Aufgaben / Pflichten

- Gästebetreuung bei den Landausflügen
- Information und Beratung der Gäste zu den Landausflügen
- Verkauf der Landausflüge
- Eventuell Durchführung des Animationsprogramms
- Beschilderung der Busse
- Ansprechpartner auf den Landausflügen, Problemlösungen jeglicher Art
- Übersetzertätigkeiten, wenn erforderlich
- Wahrung und Respektierung der landesüblichen Gesetze und Bräuche

Verantwortlichkeit und Kompetenzen

- Verantwortlichkeit für den reibungslosen Ablauf vor und auf den Landausflügen und die rechtzeitige Rückkehr zum Schiff

Spa & Wellness

Friseur / Hairdresser

Bereich: Spa & Wellness
Rang: Hairdresser
Vorgesetzter: Spa Manager oder Konzessionär

Erforderliche Qualifikationen

- Gute bis fortgeschrittene Englischkenntnisse
- Abgeschlossene Berufsausbildung zum Friseur
- Ein- bis zweijährige Berufserfahrung als Friseur
- Gute Umgangsformen sowie ein gepflegtes Erscheinungsbild
- Folgende Charaktereigenschaften sind gewünscht:
  - Belastbarkeit ◦ Selbstständigkeit
  - Kontaktfreudigkeit ◦ Teamfähigkeit

Zielsetzung

- Verantwortlichkeit für den Wellness-Effekt beim Gast durch einen qualitativ hochwertigen Service im Bereich der Haarpflege

Aufgaben / Pflichten

- Im Prinzip identisch mit den Aufgaben an Land:
  - Haare schneiden ◦ Föhnen, färben, frisieren
  - Promotion von bestimmten Haarpflegeprodukten
  - Eventuell auch Verkauf von Kosmetika
  - Hochsteckfrisuren für Gala-Abende
- Reinigung des eigenen Bereiches gemäß den Hygienevorschriften

Verantwortlichkeit und Kompetenzen

- Entweder dem Spa Manager an Bord unterstellt oder aber seinem Arbeitgeber an Land (wenn Konzessionär) und damit weisungsgebunden

Kosmetiker / Beautician

Bereich: Spa & Wellness
Rang: Beautician
Vorgesetzter: Spa Manager oder Konzessionär

Erforderliche Qualifikationen

- Gute bis fortgeschrittene Englischkenntnisse
- Abgeschlossene Berufsausbildung zum Kosmetiker
- Ein- bis zweijährige Berufserfahrung als Kosmetiker
- Sehr gute Umgangsformen sowie ein gepflegtes Erscheinungsbild
- Folgende Charaktereigenschaften sind gewünscht:
  - Taktgefühl ○ Belastbarkeit ○ Selbstständigkeit
  - Kontaktfreudigkeit ○ Teamfähigkeit

Zielsetzung

- Verantwortlichkeit für die Entspannung / Erholung des Gastes
- Erbringen eines qualitativ hochwertigen Services im Bereich Körper- und Gesichtspflege

Aufgaben / Pflichten

Im Prinzip entsprechen die Aufgaben denen an Land:

- Durchführung von Gesichtsbehandlungen
- Durchführung von Maniküre und Pediküre
- Erfüllung von Aufgaben des Make-up Artists
- Promotion von hochwertigen Pflegeprodukten
- Reinigung des Arbeitsbereiches gemäß Hygienestandards

Verantwortlichkeit und Kompetenzen:

- Entweder direkt dem Spa-Manager unterstellt oder aber dem Konzessionär an Land und somit weisungsgebunden

)ie Förderung unserer Crew iegt uns sehr am Herzen.»

'anziska Peier, Project Manager der
&P Cruise Hotel Management GmbH

&P Campus fördert und unterstützt Sie!
&P Campus steht für erfolgreiche und kontinuierliche arriereförderung. Massgeschneiderte Schulungen, /eiterbildungen, Trainings vor und während der Saison 'warten Sie!

&P Campus – das heisst für Sie:

- Eigenes Trainings- und Development Center im G&P Head Office Schweiz. Von hier aus werden die individuellen Programme laufend weiterentwickelt
- Optimale Vorbereitung der Führungskräfte auf die Saison während des alljährlichen Kick-off Meetings: Mitarbeiterführung, Didaktik, Teambildung HACCP, Entertainment und vieles mehr
- Regelmässige, intensive Schulungen während der Saison für die gesamte Crew durch interne und externe Trainer
- Leadership Trainings, Fachschulungen in allen Bereichen der Gastronomie und Hotellerie

agen zum G&P Campus beantwortet Ihnen gerne anziska Peier, Project Manager der G&P Cruise Hotel anagement GmbH.

Jobs an Bord

Franziska Peier ist als Project Manager der G&P Cruise Hotel Management GmbH für die Konzeption, Organisation,Qualitätssicherung und Weiterentwicklung der vielfältigen G&P-Ausbildungstrainings auf den Schiffen verantwortlich: Momentan werden auf dem Fluss rund 960 MitarbeiterInnen beschäftigt, viele davon arbeiten schon lange für G&P.

Wie ist es eigentlich zur Idee mit der eigenen Akademie gekommen?
Franziska Peier: Die Förderung unserer Crew liegt uns sehr am Herzen, was natürlich eng mit der steten Weiterentwicklung unserer Produkte und unserer Servicequalität verbunden ist. Als logische Konsequenz ist vor eineinhalb Jahren unsere interne Schulungsakademie G&P Campus entstanden.

Welche Vorteile hat man nach erfolgreicher Absolvierung der Schulungen?
Franziska Peier: Entsprechende Schulungszertifikate dokumentieren die erfolgreich absolvierten Schulungen und motivieren zu mehr. Für engagierte Persönlichkeiten stehen in weiterer Folge alle Türen weit offen!

G&P
CRUISE HOTEL
MANAGEMENT GMBH
LUZERN
Ein Unternehmen
der G&P Gruppe Luzern
«Ankern Sie bei G&P!»
www.gsellundpartner.ch/jobs
G&P Cruise Hotel Management ist ein dynamisches und persönlich geführtes Unternehmen. Unsere Anstellungsbedingungen sind interessa die Aufstiegsmöglichkeiten an Bord attraktiv, die Betreuung und Förderung unserer Crew aussergewöhnlich.
G&P ist als Caterer für den gesamten operativen Hotelbetrieb auf hochmodernen Flusskreuzfahrtschiffen im 4* und 5* Segment verantwortlich. Wir bieten engagierten und begeisterungsfähigen KandidatInn die bei uns ihren Anker werfen möchten, während des ganzen Jahres spannende und erlebnisreiche Einsätze und Möglichkeiten.
Neugierig geworden? Also – ANKERN SIE BEI G&P! Mehr Infos gibt hier: jobs@gsellundpartner.ch :: www.gsellundpartner.ch/jobs
«Mit G&P bin ich auf dem richtigen Kurs!»
Monika Nagyová, von der Kabinen/Laundry Stewardess zur Housekeeperin, bei G&P seit 2004

Weitere Berufsfelder

Bis hierhin wurden hauptsächlich Tätigkeiten vorgestellt, die offensichtlich zum Kreuzfahrtgeschäft gehören. Aber es gibt auch zahlreiche Tätigkeitsfelder, die dem Betrachter nicht direkt ins Auge stechen. So werden auch Mitarbeiter für Kreuzfahrten gesucht, deren Berufe man nicht direkt mit einem Schiff in Zusammenhang bringt. Wer kümmert sich um die Blumengestecke? Wer traut Hochzeitspaare und hält die Sonntagspredigt? Hier eine kleine Liste weiterer Jobprofile an Bord eines Kreuzfahrtschiffes, die neben den o. g. Berufen zum reibungslosen Verlauf der Reise beitragen und somit unentbehrlich sein können:

- Arzt
- Fotograf
- Bühnenmanager
- Choreograph
- Concierge
- Croupier
- Deckstewart
- Diskjockey
- Entertainer
- Elektriker
- Filmpersonal
- Florist
- Funkoffizier
- Golflehrer
- Ingenieur
- Klempner
- Krankenschwester
- Licht-/Tontechniker
- Masseur
- Musiker
- Pianist
- Pfarrer/Priester
- Redakteur
- Sänger
- Schauspieler
- Schneider
- Sicherheitspersonal
- Steuermann
- Techniker
- Tänzer
- Tischler
- Zauberer

Impressionen des Schiffsalltags

Gerrit Cassel als Chef de Partie unterwegs in der Karibik

Christian Armster auf der Albatros

Wassersportangebote vom Schiff

Knut Breidenbach, Cruise Director

Service by the pool

Christian Armster beim Einkauf der Ware

Landausflug in Mexiko

Weihnachten auf der MS Eurodam

SeaDream Crew

Kabinenservice

Stefan Liebig auf den Osterinseln

Chillen in der Karibik

Service an der Bar

Knut Breidenbach bei der Arbeit

Alexander Lukyanchuk unterwegs in Grönland

4. Das Bewerbungsverfahren

4.1 Die Stellensuche

Welchen Beruf an Bord Sie auch immer ergreifen möchten, mit welcher Stelle Sie die Schiffskarriere auch starten: Vakante Stellen müssen erst einmal gefunden werden. Um Ihnen die Suche zu erleichtern, haben wir Ihnen auf den folgenden Seiten hilfreiche Tipps aufgeführt, damit Sie Ihr berufliches Ziel schnell und zielsicher erreichen.

Zusammenarbeit mit einer Recruiting-Agentur

Wer sich effektiv und mit wenig Aufwand bei vielen Reedereien gleichzeitig bewerben möchte, richtet seine Bewerbung am besten an eine Crewing- oder Recruiting-Agentur, wie beispielsweise die **Connect Worldwide Recruiting Agency** in Bremerhaven (www.connectjobs.de). Als führende Agentur in Deutschland für die Vermittlung von Fach- und Führungskräften auf Kreuzfahrtschiffe steht sie mit über 12 Jahren Erfahrung in intensivem Kontakt zu vielen 4*- und 5*-Reedereien und kann somit zielsicher einschätzen, zu welchem Schiff und für welche Position Ihre Fähigkeiten und Ziele am besten passen und wie die weitere Karriereplanung aussehen könnte.

Die Agentur **Connect Worldwide Recruiting Agency** sucht Personal für über 200 Schiffe auf der ganzen Welt, sowohl auf Hochsee- & Flusskreuzfahrtschiffen als auch auf Privatyachten. Sie brauchen sich also nur einmal zu bewerben, um viele Angebote zu bekommen und Ihre Chancen zu nutzen.

Dadurch, dass die Mitarbeiter der Agentur Connect größtenteils über eigene Berufserfahrung auf Schiffen verfügen, laufend zu Schiffstaufen oder -besichtigungen eingeladen werden und außerdem intensiven Kontakt zu den Crew-Mitgliedern, sowohl per Fernkommunikation als auch persönlich bei Hafenaufenthalten der Schiffe, pflegen, verfügen sie über eine hohe und stets aktuelle Fachkompetenz.

Die Vermittlung erfolgt auf internationaler Ebene, und zwar in alle Bereiche der Hotellerie an Bord. Dazu zählen: Hotelmanagement, F&B, Küche, Service, Bar, Rezeption, Housekeeping, Animation und Gästebetreuung, Wellness- und Spa-Bereich, Onboard Shop sowie Positionen im nautisch/technischen Bereich.

Neben Einstiegsjobs werden ebenso Positionen im mittleren, gehobenen und im Top-Management vermittelt. Durch die Zusammenarbeit mit versierten Partneragenturen, die sich auf die Hotelbranche spezialisiert haben, kann die Agentur Connect auch weltweit Stellen in der internationalen Top-Hotellerie anbieten.

Selbstverständlich ist der Service für den Bewerber kostenlos.

Um sich bei Connect zu bewerben, benötigen Sie folgende Unterlagen:

- Ausführliches Anschreiben mit Angaben der Verfügbarkeit und Wünschen zu der Position
- Tabellarischer Lebenslauf, am besten auf Englisch
- Passfoto, gerne auch Ganzkörperfoto
- Kopien der letzten Arbeitszeugnisse, wenn vorhanden

Zudem sollten Sie Folgendes in Betracht ziehen, wenn Sie sich bei einer Crewing-Agentur bewerben:

Professioneller Eindruck

So wie Sie sich im ersten Gespräch mit dem Crewing-Agent präsentieren, so präsentieren Sie sich letztendlich auch dem potenziellen Arbeitgeber. Sind Sie gut vorbereitet und machen einen professionellen Eindruck, so wird der Agent dies als Qualifikation werten. Das kann bei der Vermittlung den entscheidenden Vorteil bringen.

Ehrlichkeit

Wer unehrlich zu seinem Vermittler ist, ist unehrlich zu sich selbst. Der Recruiter möchte nur das Beste für Sie. Er muss daher so viel wie möglich von Ihnen wissen, auch um zu vermeiden, dass Sie für die falsche Position vermittelt werden. Auch und vor allem wenn es Probleme mit einem der letzten Arbeitgeber gegeben hat, sollten Sie das ansprechen.

Feedback

Für eine Crewing-Agentur ist es wichtig, ein Feedback von Ihnen zu bekommen. Sie möchte darüber informiert werden, wie das Vorstellungsgespräch abgelaufen ist, ob Sie an der Position weiterhin interessiert sind oder aus welchem Grund Ihnen die angebotenen Konditionen nicht zusagen. Nur so kann die Agentur auf Ihre persönlichen Wünsche eingehen. Ebenso wichtig ist für sie zu wissen, wenn sich in Ihrer Bewerbung neue Wünsche oder Änderungen ergeben.

Interesse

Sollten Sie aus wichtigen Gründen einen Termin nicht wahrnehmen können, so zeigt ein Anruf zumindest, dass Sie sich bemühen. Der Recruiter merkt sehr schnell, wer kein wahres Interesse an einer Vermittlung hat, und wird eine Bewerbung entsprechend behandeln.

Kontakt halten

Vielleicht kommt nicht gleich beim ersten Versuch eine Vermittlung zustande. Dennoch sollten Sie den Kontakt zur Crewing-Agentur nicht verlieren, sondern pflegen. Die Crewing-Agentur hat einen weitreichenden Kundenstamm und kann die Augen offenhalten, ob sich nicht doch noch etwas Passendes für Sie ergibt.

Fragen stellen

Keine Frage ist zu „dumm", dass sie nicht gestellt werden dürfte. Und bei einer Bewerbung für einen Job auf einem Kreuzfahrtschiff geht es schließlich um Ihre Zukunft. Wer lieber einmal mehr nachfragt, wie das denn beispielsweise mit dem Anflug, den Aufstiegsmöglichkeiten oder der Versicherung ist, geht auf Nummer sicher und vermeidet spätere Enttäuschungen.

Geduld

Generell dauert es seine Zeit, bis der Recruiter alle Möglichkeiten für eine Vermittlung überprüft und alle Daten abgeglichen hat. Manchmal ist die gewünschte Position auf keinem Schiff neu zu besetzen. Sie sollten sich daher frühzeitig um ihre Bewerbung bemühen und sich dann etwas gedulden, bis die passende Stelle für Sie gefunden ist. Es gibt allerdings auch Vermittlungen, die innerhalb von vier bis fünf Tagen erfolgreich stattfinden. Es kann also auch sehr schnell gehen, wenn Ihre Position gerade gesucht und neu zu besetzen ist und Sie so flexibel und spontan sind.

Infobox – Bewerbungsverfahren bei Connect Jobs

Möglicher Ablauf einer Vermittlung bei der *Connect Worldwide Recruiting Agency*:

- Bewerbung geht per E-Mail ein (dfahr@connectjobs.de)
- Erstes Telefonat (Klärung der persönlichen Fähigkeiten, der Wünsche und der Möglichkeit ihrer Realisierung, Vervollständigung der Bewerbungsunterlagen)
- Einholung und Überprüfung von Referenzen
- Auswahl und telefonische Vorstellung des passenden Jobangebotes
- Zusendung von umfangreichem Info-Material (Arbeitsplatzbeschreibung, Verdienstmöglichkeiten, Fahrtroute, Infos über Schiff und Reederei)
- Rückmeldung des Bewerbers, ob Angebot interessant ist
- Aufbereitung der Bewerbungsunterlagen und Vorschlag an die Reederei durch Connect
- Grundsätzliches Interesse bei der Reederei; direkte Zusammenführung von Reederei und Bewerber per Telefon
- Je nach Reederei und -standort persönliches Vorstellungsgespräch oder telefonisches Interview; teilweise auch Webcam-Interview über Skype
- Erfolgreiche Vermittlung
- Klärung der Einstiegsformalitäten (wie z. B. Arbeitsvertrag, Medicals, Visa, Anreise zum Schiff etc.)

Im Durchschnitt dauert ein solcher Ablauf wie oben dargestellt etwa 10 bis 14 Tage. Voraussetzung ist natürlich, dass die Reederei kurzfristig eine Stelle zu besetzen hat und der Bewerber entsprechend kurzfristig zur Verfügung steht. Sofern Kündigungsfristen einzuhalten sind, wird darauf selbstverständlich Rücksicht genommen.

In der Praxis kommt es durchaus des Öfteren vor, dass Reedereien aus Dringlichkeitsgründen innerhalb von wenigen Tagen eine Stellenbesetzung anstreben und auch vornehmen! Die bisher schnellste Vermittlung von Bewerbungseingang bis zum Einstieg an Bord benötigte nur zwei Tage!

Wichtig zu erwähnen ist, dass sich der Bewerber entscheiden muss, ob er sich direkt bei einer Reederei bewirbt oder sich an eine Agentur wie Connect wendet. Falls ein Bewerber sich bei einer Reederei beworben hat, kann die Agentur diese Person bei der entsprechenden Reederei nicht mehr vorschlagen. Somit verringern sich die Chancen des Bewerbers.

CONNECT – Worldwide Recruiting Agency
D-27568 Bremerhaven
Tel.: +49 471 92 68 97 30
Fax: +49 471 92 68 97 10
E-Mail: dfahr@connectjobs.de
www.connectjobs.de

connect Worldwide Recruiting Agency

Die Reederei

Haben Sie bereits eine feste Vorstellung vom Arbeitgeber, so können Sie sich auch direkt bewerben oder erst einmal nachfragen, welche Voraussetzungen für Ihren Traumjob mitzubringen sind. Die Adressen und Kontaktinformationen zu den einzelnen Reedereien sind im Anhang aufgelistet.

Jobbörsen / Messen und Magazine / Zeitungen

Eine weitere Möglichkeit, sich nach einem Arbeitsplatz auf einem Kreuzfahrtschiff umzusehen, bieten die touristischen Jobbörsen und Messen. Die relevantesten werden hier vorgestellt. Außerdem lassen sich im Stellenmarkt der Tourismuszeitschriften offene Stellen in großer Anzahl finden. Die bekanntesten dieser Zeitschriften finden Sie in diesem Kapitel aufgeführt.

Allgemeine Hotel- und Gastronomie-Zeitung

Diese Zeitung bietet allen Gastronomie-Interessierten einen allgemeinen Überblick über den Bereich Hotel und Gastronomie. Interessant ist vor allem der interaktive Bereich im Internet, der einen Stellenmarkt beinhaltet. Unter *http://www.ahgzjobs.de/main* können Sie gezielt nach Jobs suchen.

FVW

Die FVW ist im deutschsprachigen Raum wohl eine der bekanntesten Fachzeitschriften rund um das Thema „Reisen und Tourismus". Sie richtet sich zwar eher an den fachlich gut informierten bzw. den im Reiseverkehrswesen arbeitenden Leser, aber es kann nie schaden, über den eigenen Tellerrand zu blicken. Auf den letzten Seiten finden sich schließlich auch einige Stellenangebote, bei denen durchaus etwas für Sie dabei sein könnte.

Auf der magazineigenen Homepage ist der Stellenmarkt als Link ebenfalls leicht zu finden. Ein Besuch dieser Seite lohnt sich, und für Studenten / Schüler gibt es Ermäßigungen beim Abo. *http://www.fvw.de.*

ITB in Berlin (findet im März statt)

Im Bereich Tourismus ist die ITB in Berlin der Höhepunkt eines jeden Messejahres – dort präsentiert sich die gesamte Vielfalt des Reisens: Länder, Zielgebiete, Veranstalter, Buchungssysteme, Verkehrsträger, Hotels und Aus- und Weiterbildungsanbieter. Weitere Infos finden Sie unter *http://www.itb-berlin.de.*

„Meer Arbeit" in Suhl (findet meist im Oktober statt)

Die maritime Stellenbörse „Meer Arbeit" wurde von der Agentur für Arbeit in Suhl ins Leben gerufen. Ihre Aufgabe ist es, Fachkräfte im maritimen Arbeitsbereich zu vermitteln. Sie findet seit 2005 statt und bietet Interessenten und Unternehmen eine ideale Plattform, sich vor Ort kennenzulernen. Gesucht werden dabei vor allem Positionen für Service (Hotel und Gastronomie), Freizeit und Technik. Weitere Informationen finden Sie auf *http://www.meerarbeit.de.*

Oscar's

Auf dieser Seite können Sie sich kostenlos registrieren und auf Jobsuche gehen. Sowohl Arbeitsplätze an Land wie auch auf See werden angeboten. Die einzelnen Betriebe stellen sich kurz vor, um einen ersten Eindruck über den potenziellen Arbeitgeber zu bekommen. Eine Bewerbung kann dann gleich online erfolgen. Infos unter: *http://www.oscars.li*

Rolling Pin

Hier lassen sich Jobs an Bord von unterschiedlichen Kreuzfahrtanbietern finden. Um sich eine gezieltere Auswahl an Stellen anzeigen zu lassen oder auch über neueste Positionen laufend zu informieren, können Sie sich zudem kostenfrei beim VIP-Bewerber-Service anmelden. Mehr unter: *http://www.rollingpin.de*

Touristik aktuell

Auch dieses Magazin richtet sich vermehrt an Tourismusinsider, ist aber auch für den ersten Kontakt recht informativ. Unter *http://www.touristik-aktuell.de* gibt es aktuell die neuesten Informationen aus dem touristischen Bereich und diverse Stellenangebote.

Internetsuche

Schnell und unverbindlich können Sie sich im Internet über den Arbeitsmarkt im Kreuzfahrtbereich informieren. Neben den Websites der einzelnen Reedereien sind folgende Internetadressen bei der Jobsuche hilfreich und einfach in ihrer Handhabung:

Animateure

Diese Jobbörse ist speziell dem Animationsbereich verschrieben, in all seinen Variationen. Nicht nur namhafte Reiseveranstalter, sondern auch Hotels und Resorts direkt suchen über diese Plattform aufgeschlossene Mitarbeiter. Die Anmeldung bei „Animateure" ist kostenlos. Zur Homepage: *http://www.animateure.de*

Hotel Career

Der Online-Dienst von *Hotel Career* bietet neben der normalen Jobsuche auch nützliche Links, die bei der Bewerbung behilflich sind, so zum Beispiel das Bewerbungs-ABC und der Gehaltsrechner. Auch hier ist die Registrierung kostenlos. Das Tourismusmagazin „Touristik report" verweist auf seiner Homepage (*http://www.touristikreport.de*) auf diesen Online-Service. Mehr unter: *http://www.hotelcareer.de*

Hoteljob Deutschland

Diese Internetseite bietet sowohl Bewerbern als auch Unternehmen einen umfangreichen Zugang zum Stellenmarkt für den gesamten Hotel- und Gastronomiebereich als auch für den Kreuzfahrtenmarkt. Für Bewerber ist die Registrierung kostenlos. Lebenslauf und Fotos lassen sich bequem am PC erstellen und verwalten. Die Anwendung ist leicht verständlich. Über neue Stellenangebote können sich Bewerber per Newsletter an die eigene E-Mail-Adresse in aller Ruhe benachrichtigen lassen. Natürlich kann auch ein eigenes Bewerberprofil verfasst werden, das für Unternehmen freigeschaltet wird. Und hier die Homepage: *http://www.hoteljob-deutschland.de*

Es gibt zudem eine internationale Variante dieser Seite. Bei Hoteljob International lassen sich aktuelle Stellenangebote führender Hotels und Restaurants mit detaillierten Informationen finden. Siehe: *http://www.hoteljob-international.de*

Hotelstellenmarkt

Speziell für den Hotelbereich werden Sie sicherlich auch auf der Seite des Hotelstellenmarktes fündig. Leider fehlt hier der komplette Kreuzfahrtbereich. Für Einsteiger, die sich zuerst bei einem Job an Land unter Beweis stellen möchten, ist diese Börse eine gute Adresse. Auch nach der Zeit an Bord kann man hier fündig werden. Siehe: *http://www.hotelstellenmarkt.de*

Job-Hotel

Der Slogan von Job-Hotel lautet passend: Beruflich die Welt erobern. Dieses Portal bietet Jobs in vielen hotelbezogenen Abteilungen. Auch der Kreuzfahrtenmarkt ist vertreten. Mehr unter: *http://www.job-hotel.eu.*

Infobox

Allgemeine Stellenbörsen

Deutschland

Stellenanzeigen: www.stellenanzeigen.de

Stellenmarkt: www.stellenmarkt.de und www.stellenmarkt.com

Deutscher Stellenmarkt: www.deutscher-stellenmarkt.de

Monster.de: www.monster.de

Österreich

Careesma: www.careesma.at

Alles rund um den Stellenmarkt: www.derstellenmarkt.info

Careerjet Suchmaschine: www.careerjet.at

Jobcenter: www.jobcenter.at

Monster.at: www.monster.at

Schweiz

Die Schweizer Stellenplattform: www.jobwinner.ch

Jobs.ch: www.jobs.ch

Jobscout24: www.jobscout24.ch

Monster.ch: http://jobsuche.monster.ch

Die Konzessionäre

Auf einer Kreuzfahrt gehören Erholung, Entspannung, Gesundheit, Beauty und Wellness und der Genuss von gutem Essen und Trinken zu den wichtigsten Bestandteilen. Daher werden wie auch an Land die Bereiche Wellness und Spa, das Shoppen an Bord oder auch das Casino immer bedeutsamer. Hieraus ergeben sich neue Berufsfelder, und die Nachfrage nach spezialisiertem und qualifiziertem Personal wird stetig größer. Die Reedereien betreiben hierfür das Recruiting in der Regel nicht direkt, sondern vergeben diese Dienstleistungen an Konzessionäre.

Somit betreuen externe Arbeitgeber wie zum Beispiel Gebr. Heinemann, Starboard & Steiner, Wave-Conn etc. die komplette Personalabwicklung, Einstellungen und die erforderliche Unterlagenabwicklung sowie die Crew-Mitglieder. Berufsgruppen wie zum Beispiel Spa Manager, Friseure, Kosmetiker, Wellness-Therapeuten, Masseure, Physiotherapeuten, Shop-Mitarbeiter und -Manager – um hier nur einige zu nennen – sind gefragter denn je und haben mit einer Bewerbung bei einem Konzessionär die Möglichkeit, auf verschiedenen Schiffen weltweit tätig zu sein.

Konzessionäre kümmern sich nach Absprache mit der Reederei auch um die komplette Einrichtung und Ausstattung eines Wellness-Bereiches oder eines Bord-Shops – falls dies gewünscht wird –, inklusive Bestellung, Inventur und Standardsetzung und Einhaltung.

Agentur für Arbeit

Die Agentur für Arbeit ist vielleicht nicht der erste Anlaufpunkt für einen Bewerber, der sich an Bord eines Kreuzfahrtschiffs bewerben will. Trotzdem sei sie hier als potenzieller Vermittler für solche Jobs genannt, da die Kreuzfahrtbranche für den Arbeitsmarkt immer mehr an Bedeutung gewinnt. Dies wird klar, wenn Sie das unten stehende Interview mit Uwe Minta lesen, dem früheren Chef der Agentur für Arbeit in Suhl, der heute in der Zentrale tätig ist.

Interview mit Uwe Minta, Initiator von „Meer Arbeit" Suhl

Wie hoch ist das Interesse an der Kreuzfahrtbranche?

Die Kreuzfahrtbranche wird zunehmend als beschäftigungsintensiver Wachstumsmarkt wahrgenommen. Im Rahmen unserer gezielten Beratungs- und Vermittlungsarbeit stellen wir großes Interesse bei den Bewerberinnen und Bewerbern fest. Insbesondere die Tätigkeit auf einem Kreuzfahrtschiff wird als Chance für eine individuelle berufliche Weiterentwicklung gesehen.

Sprechen Sie die Bewerber konkret auf die Kreuzfahrt an, oder wird aktiv nachgefragt oder angeboten?

Im Beratungsgespräch mit unserer Kundschaft werden alle Beschäftigungsmöglichkeiten und Arbeitsmärkte der Hotellerie / Gastronomie beleuchtet. Somit wird auch der Arbeitsmarkt Kreuzfahrtbranche besprochen.
Vor Arbeitsmarktbörsen wie der Initiative „Meer Arbeit" erfolgt noch mal intensiv eine Bewerberrekrutierung. Dies geschieht zum Beispiel direkt über den Arbeitsvermittler, mittels Telefonaktionen, Anschreibaktionen oder durch die Versendung von Werbeflyern.

Wie viele Arbeitssuchende vermitteln Sie pro Jahr auf Kreuzfahrtschiffe?

In der Agentur für Arbeit Suhl stellen wir pro Jahr rund 100 Vermittlungen fest. Die Dunkelziffer ist jedoch weitaus höher. Dies gilt insbesondere für Schulabgänger, die sich im Ergebnis unserer Beratungs- und Informationsarbeit für eine maritime Ausbildung entscheiden. Viele Bewerber sind nicht arbeitslos gemeldet oder wechseln nahtlos zu den Reedereien, so dass wir keine Rückmeldungen erhalten.

Wir haben sehr viele Wiedereinsteiger nach einer Saison. Das bestätigt die Nachhaltigkeit unserer Vermittlungsarbeit und die Zufriedenheit der Arbeitgeber.

An welche Veranstalter vermitteln Sie vorwiegend?

Grundsätzlich vermitteln wir an alle interessierten Unternehmen. Vorwiegend sind es die an der „Meer Arbeit“ teilnehmenden Veranstalter. Dazu gehören AIDA, AROSA, CSM Cruise Services, Connect Jobs, Peter Deilmann, sea chefs, TUI Service AG und Viking. Dies schließt ebenso deren Subunternehmen wie zum Beispiel Künstleragenturen mit ein. Weiterhin unterstützen wir auch die Bundesmarine, den Verband Deutscher Reeder und maritime Hochschulen.

Für welche Positionen werden Bewerber ausgewählt?

Berücksichtigt werden alle Positionen der Hotellerie und Gastronomie – Verkauf und Animation –, aber auch der Technik. Wir bedienen alle Anfragen, von A wie Arzt bis W wie Waitress. Unser aktuelles Angebot ist zum Beispiel der Posten des Fleischers an Bord.

Was tun Sie aktiv, um den Arbeitssuchenden das Leben an Bord nahezubringen?

Unser Ziel ist es, jungen Menschen die Bedeutung der Seeschifffahrt und die damit verbundenen beruflichen Chancen an Bord näherzubringen und sie zu informieren. Dazu zählen auch die Perspektiven nach der Saison. Veranstaltungen wie „Meer Arbeit“ lassen auf interessierte Arbeitsuchende hoffen. Und es ist unsere Aufgabe, sie auf diese neue Tätigkeit vorzubereiten.
Im Beratungsgespräch thematisieren wir verschiedene berufliche Möglichkeiten an Bord. An Tagen wie „Meer Arbeit“ präsentieren sich Firmen in einem Workshop. Sie geben Auskunft über Lebens- und Arbeitsbedingungen an Bord. Alle Repräsentanten verfügen über mehrjährige Schiffserfahrung und können sehr authentisch berichten. Danach stehen alle Recruiter im Dialog zur Verfügung.
Unsere Fachvorträge werden auch von Lehrern und Kollegen angrenzender Bundesländer besucht. So streuen wir gezielt maritimes Fachwissen.

Fördert die Agentur für Arbeit Weiterbildungsmaßnahmen in dieser Richtung oder Sprachkurse?

Ja, in Abhängigkeit von einer Einstellungszusage. Dies geschieht immer in Absprache mit der jeweiligen Arbeitsagentur oder speziell mit der zuständigen Vermittlungsfachkraft. Über eine Unterstützung wird immer im Einzelfall entschieden und gegebenenfalls befürwortet. Wenn erkennbar ist, dass es sich um eine dauerhafte Integration handelt, werden alle Wege und Möglichkeiten geprüft.

Gibt es finanzielle Unterstützung bei der Beschaffung von Visa oder Ähnlichem?

Nein, bisher kamen dazu auch keine Anfragen.

Welche Qualifikationen und Fertigkeiten sind mitzubringen, damit die Bewerbung Erfolg hat?

Eine Bewerbung ist die Visitenkarte jedes Einzelnen. Sie muss auf die konkrete Funktion ausgerichtet sein und Motivation und Qualifikation erkennen lassen. Am wichtigsten ist die Fertigkeit, gastgeber- und dienstleistungsorientiert zu arbeiten – zuzüglich zu den Grundfähigkeiten, die der Beruf mit sich bringt. Ein hohes Maß an Toleranz gegenüber Kollegen aufgrund der verschiedenen Nationalitäten an Bord, gute Englischkenntnisse oder andere Sprachkenntnisse runden das Profil ab und sind ebenfalls ein absolutes Muss.
Unterstützend bieten wir Sprachseminare oder andere Trainings vor der Arbeitsaufnahme an Bord an. Viele Reedereien greifen auf Bildungsdienstleister zurück, die sich auf maritime Berufe spezialisiert haben. In jedem Einzelfall überprüft auch hier die Agentur für Arbeit die Förderfähigkeit.

Wem würden Sie empfehlen, einen Job an Bord anzunehmen oder sich dafür zu bewerben?

Jedem motivierten Bewerber, der seetauglich ist und sich für längere Zeit von seinem Zuhause trennen kann. Es ist eine spezielle Erfahrung, ohne Privatsphäre und innerhalb eines kleinen Teams auf begrenztem Raum leben zu müssen. Natürlich müssen berufliches Können, äußeres Erscheinungsbild und Gesamteindruck passen. Die meisten Mitarbeiter haben Gästekontakt, daher ist das persönliche Auftreten sehr wichtig.

Verbessern sich Berufschancen nach dem Einsatz an Bord eines Schiffes?

Ja, jeder Arbeitgeber weiß um die Herausforderungen an Bord (Sieben-Tage-Woche und so weiter). Er nutzt die Erfahrung des Bewerbers für sein Unternehmen. Einen

solchen Mitarbeiter in einem Unternehmen zu beschäftigen bietet folgende Vorteile: Er ist teamorientiert und stressresistent und arbeitet gastgeberorientiert. Sonst hätte er eine Saison an Bord nicht geschafft.
Des Weiteren ist der neue Mitarbeiter selbstbewusst und besitzt Berufsreife. Er hat eine gute Aus- und Weiterbildung an Bord erfahren, dadurch sind seine beruflichen Fähigkeiten gewachsen. Gerade in der Gastronomie werten einige Fahrtzeiten im Kreuzfahrtbereich das Bewerberprofil auf und gehören zum guten Berufsbild. Wer hat nicht gern einen Koch mit „fünf Sternen“ nach meist internationaler Kreuzfahrterfahrung in seiner Küche?

Bekommt man in der Zeit zwischen zwei Verträgen oder nach einem abgelaufenen Vertrag finanzielle Unterstützung?

Ja, wenn man einen Arbeitsvertrag nach EU-Recht abgeschlossen hatte, Beiträge zur Arbeitslosenversicherung abgeführt wurden und dem Grunde nach die Zugangsvoraussetzungen für Arbeitslosengeld erfüllt sind. Auch hier wird jeder Einzelfall geprüft.

Wie sehen Sie die Zukunft der Kreuzfahrtbranche?

Der Kreuzfahrtenmarkt ist noch im Wachstum. Die Indienststellung weiterer neuer Schiffe steht bevor. Das ist auch eine Herausforderung für uns als Arbeitsagentur, denn es müssen sehr viele Mitarbeiter mehr beschäftigt werden.
„Meer Arbeit“, Arbeitsmarktbörsen, Beteiligung an Fachmessen, themenbezogene Foren mit Azubis im dritten Ausbildungsjahr der Zielberufe und vieles mehr werden schon heute genutzt, um das Thema in den Fokus zu stellen.

Der Weg an Bord führt über

SUHL

www.meerarbeit.de

4.2 Schriftliche Bewerbungen

Eine Bewerbung ist entweder eine Antwort auf eine öffentliche Stellenausschreibung, eine Initiativbewerbung oder erfolgt durch die Vermittlung von persönlichen Kontakten.

Beim Verfassen Ihrer Bewerbung sollten Sie zahlreiche Regeln beachten. Das folgende Kapitel gibt Hinweise über geltende Standards und zeigt Musterbewerbungen.

Es gibt keine perfekte Standardbewerbung, die für jeden Bewerber und jede Stelle gilt. Nachdem Sie das Kapitel gelesen haben, sollten Sie aber eine erste Vorstellung haben, wie Ihre Bewerbung aussehen könnte, wie Sie sich von anderen Bewerbern abheben können und welche Erwartungen Arbeitgeber haben.

Die Bewerbung auf eine öffentliche Stellenausschreibung

Eine Bewerbung, die aufgrund einer Stellenausschreibung erfolgt, kann als einfachste Form einer Bewerbung bezeichnet werden. Im Inserat ist angegeben, wo (Ansprechpartner, Adresse) und wie (per Brief oder online) Sie sich bewerben können. Zugleich erhalten Sie Informationen über das Unternehmen, seine Ansprüche an den Bewerber und damit an die Aufgaben, die auf Sie zukommen.

Vor dem Verfassen der Bewerbung empfehlen wir Ihnen, die Anzeige mehrmals zu lesen. Oft können Sie zwischen den Zeilen Informationen entnehmen, die im ersten Moment nicht ersichtlich sind. Schon die Art und Weise, wie die Stellenausschreibung formuliert ist, kann aufschlussreich sein. Sie kann Hinweise geben, welchen Schreibstil die Firma bei Bewerbungen bevorzugt. Außerdem können Sie ein erstes Gefühl für das Unternehmen entwickeln und herausfinden, ob ein eher konservativer oder ein innovativer Stil bei der Formatierung oder dem Bewerbungsfoto favorisiert wird. Zudem können Sie sich im Internet über das Unternehmen informieren.

Die Initiativbewerbung

Sie können sich natürlich auch bewerben, ohne dass eine Stelle ausgeschrieben ist. Diese Art der Bewerbung nennt man Blindbewerbung oder Initiativbewerbung. Hierbei ist es wichtig, dem potenziellen Arbeitgeber Ihr aufrichtiges Interesse an einer Beschäftigung zu vermitteln. Weiterhin sollten Sie versuchen, die Bewerbung so persönlich und aussagekräftig wie möglich zu gestalten. Erwarten Sie hier bitte keine sofortige Rückmeldung, haben Sie Verständnis, wenn sich das angeschriebene Unternehmen eventuell gar nicht bei Ihnen meldet, da es sich um eine Bewerbung auf eine nicht ausgeschriebene Stelle handelt.

Die Bewerbung aufgrund persönlicher Kontakte

Eine andere Möglichkeit, sich zu bewerben, ist über die Vermittlung von persönlichen Kontakten, über die Sie Informationen über frei werdende Stellen erhalten. Haben Sie einen Bekannten im Unternehmen, so ist zu beachten, welche Position er dort hat und welchen positiven Einfluss er bei der Bewerbung haben könnte. Sie sollten selbst entscheiden, inwiefern eine Erwähnung seines Namens von Vorteil für Sie ist.

Die schriftliche Bewerbung ist der erste Eindruck, den ein Unternehmen von Ihnen erhält. Deshalb ist es wichtig, dass Ihre Bewerbung nicht nur vollständig, sondern auch ansprechend gestaltet ist. Enthält Ihre Bewerbung das „gewisse Etwas", können Sie sich von der Masse abheben.

Form und Inhalt einer Bewerbung

Täglich gehen bei Vermittlungsagenturen und Kreuzfahrtunternehmen unzählige Bewerbungen ein. Um allen Bewerbern gerecht zu werden, kann sich ein Personalmanager im Durchschnitt nur 30 Sekunden Zeit zum Lesen des Anschreibens nehmen. Er entscheidet, basierend auf seinem ersten Eindruck, ob die Bewerbung interessant genug erscheint, um die Unterlagen komplett durchzuarbeiten.

Die Kunst einer guten Bewerbung liegt darin, dass Sie sich vor allem in diesen ersten und entscheidenden Momenten profilieren. Dies kann sowohl durch den Inhalt als auch über die Form geschehen. Allerdings sollten Sie bedenken, dass alle Reedereien einen sehr hohen Standard pflegen – sowohl was den täglichen operativen Betrieb ihrer Schiffe als auch was die Auswahl der dazugehörigen Crew betrifft.

Zwar gibt es auch Berufe an Bord, bei denen eine kreative Bewerbung erwartet wird. Zum Beispiel ist dies bei Künstlerberufen der Fall. Generell wird jedoch in der Kreuzfahrtindustrie Wert auf eine traditionelle Bewerbung gelegt. Diese besteht aus einem Deckblatt, einem Anschreiben, einem Lebenslauf mit Foto und den dazugehörigen Anlagen, wie zum Beispiel Zeugniskopien, Kopien von Bescheinigungen über Weiterbildung, Ausbildung sowie Angaben von Referenzen.

Anschreiben

Das Anschreiben ist ein eigenes Gutachten Ihrer beruflichen Qualifikation und dient dazu, Interesse beim Unternehmen zu erwecken. Das Dokument darf eine Seite nicht überschreiten und muss sowohl Ihre Adresse als auch die des Unternehmens sowie Ort, Datum und eine Betreffzeile enthalten.

Der Inhalt des Anschreibens sollte das Unternehmen direkt ansprechen. Mit ein bis zwei Sätzen können Sie zeigen, dass Sie sich über die Firma informiert haben und wissen, was erwartet wird. Das kann im Einleitungsteil mit dem persönlichen Bezug erfolgen. Hier kommt Ihre Motivation zum Ausdruck. In dem Hauptteil eines Anschreibens gehören vor allem Ihre Kenntnisse, Fähigkeiten und Qualifikationen, die Sie für die Stellenausschreibung mitbringen. Hier können Sie kurz und knapp erklären, warum nur Sie für diese Stelle geeignet sind. Zudem sollten Sie ggf. auch darauf hinweisen, ab wann Sie die neue Stelle antreten können. Das Anschreiben wird mit einem Abschlusssatz und einer Grußformel beendet. Vermeiden Sie hier Möglichkeitsformen und benutzen Sie eher eine gängige Formulierung. Ihre Unterschrift darf keinesfalls fehlen!

Deckblatt

Das Deckblatt verleiht Ihrer Bewerbung eine persönliche Note und dient als Eröffnung Ihrer Bewerbungsunterlagen. Es gehört immer hinter das Anschreiben und sollte neben einer Überschrift mit einer Betreffzeile auch persönliche Daten in einer geordneten Reihenfolge (Name, Adressangaben, Kontaktmöglichkeiten, Bewerbungsfoto) enthalten.

Infobox – Tipps zur Bewerbung per E-Mail

Vor allem per E-Mail gehen bei den Personalbüros täglich eine Vielzahl von Bewerbungen ein. Damit Ihre Bewerbung hervorsticht, sollten Sie diese wichtigen und hilfreichen Tipps beachten:

- Nutzen Sie die Betreffzeile und schreiben Sie hier kurz und sachlich, worum es sich bei Ihrer Nachricht handelt, z. B.: „Bewerbung als Sous Chef auf die ausgeschriebene Stelle in der Rolling Pin".
- Versuchen Sie, z. B. über die Internetseite der Firma, die richtige E-Mail-Adresse und den korrekten Namen des Ansprechpartners herauszufinden.
- Verfassen Sie das Anschreiben per E-Mail genau so, wie Sie auch einen Brief formulieren würden.
- Benutzen Sie keine Floskeln oder internettypischen Abkürzungen oder gar Smileys u. Ä.
- Senden Sie keine Power-Point-Präsentation, das erschwert das eventuelle Ausdrucken und die weitere Bearbeitung Ihrer Bewerbung.
- Versuchen Sie die Zahl der Anhänge zu minimieren. Es ist niemandem zuzumuten, mehr als drei bis vier Anhänge zu öffnen. Am besten ist es, alles in einer Datei in einem gängigen Format zu haben, z. B. Word oder PDF.
- Schicken Sie keine Anhänge, die eine Größe von 5–6 MB überschreiten; wenn das nicht zu vermeiden ist, dann schicken Sie lieber 2 E-Mails.

Lebenslauf

Der Lebenslauf ist Ihr persönlicher und beruflicher Werdegang und muss vollständig sein. Die gebräuchlichste Form ist der tabellarische Lebenslauf. Achten Sie darauf, dass Berufserfahrungen chronologisch, mit der aktuellsten Tätigkeit beginnend, aufzuführen sind. Der Inhalt ist eher standardisiert. So umfasst er Ihre beruflichen Erfahrungen, Ausbildung, Weiterbildung und persönliche Informationen wie Sprachkenntnisse, Engagement in Vereinen oder Hobbys. Der Inhalt sollte das Interesse des Personalmanagers bekräftigen und ihn zu der Entscheidung bewegen, Sie zu einem Vorstellungsgespräch einzuladen.

Beispiel deutscher Lebenslauf

Musterlebensläufe auf Englisch wie auch auf Deutsch können Sie sich auf unserer Website, die speziell für dieses Buch erstellt wurde, ansehen und herunterladen (www.connect-willkommenanbord.de) oder kostenlos bei der Agentur Connect anfordern: dfahr@connectjobs.de.

LEBENSLAUF

Familienname	Mustermann
Vorname	Max
Adresse	Musterstraße 1
E-Mail	max.mustermann@muster.de
Telefon	+49 123 / 456789
Mobiltelefon	+ 49 123 / 445566
Geburtstag	01.02.1988
Geburtsort	Musterstadt
Nationalität	Deutsch

Ausbildung

08/2003–07/2007	Ausbildung als Hotelkaufmann im Musterhotel, Musterstadt
08/1998–05/2003	Realschulabschluss an der Musterschule, Musterstadt

Berufserfahrung

02/2008–09/2012	Rezeptionist auf der MS Muster, fünf Sterne 1.800 meist deutsche Gäste, ca. 900 Mann Besatzung. Weltweite Fahrtrouten, 3 Restaurants, 8 Bars www.MSMuster.de
06/2008–02/2008	Praktikum im Hotel xxxx

Sprachkenntnisse

Englisch	fließend in Wort und Schrift
Französisch	Grundkenntnisse
Italienisch	Grundkenntnisse

Weitere Kenntnisse

Weiterbildung	Kurse angeben
EDV-Kenntnisse	gute Kenntnisse in MS Office, Fidelio etc.

Referenzen

Peter Schmidt, Berufsschullehrer
0123 / 55555 E-Mail-Adresse

Ursula Ulm, Personalleitung Musterhotel
0123 / 797979 E-Mail-Adresse

Hobbys Tennis, Kochen, Rudern

____

Max Mustermann

Beispiel englischer Lebenslauf

Curriculum Vitae

Rudi Rakete

PASSFOTO

Present address	Street PLZ Ort Land		
Telephone	0049 (0) 111 111 111		
Mobile	0049 (0) 17 0 000 000 00		
E-mail	rudi.rakete@gmx.de		
Permanent address	same as above or Street PLZ Ort Land		
Date of birth	January 1st, 1980		
Nationality	German		
Languages	mother tongue	German	
	others	English	speaking: fluent writing: very good
		Spanish	speaking: good writing: intermediate
		French	speaking: basic writing: basic
Computer skills	Fidelio, MS Office, Word, Excel, Access		
References	Mr. XY – Position – Location – e-mail – address, tel. / fax number Mr. XYZ – see above		

Professional Experiences

March 04–present	**Sous Chef, Cruise Line/Hotel** - Directly reporting to the Executive Chef - Serving up to 2300 guests in two main dining rooms – a sterling steakhouse, a self service buffet restaurant, barbecue hamburger and grill and a pizzeria - Responsible for the highest quality standards and directly accountable for the quality of products and service in the whole galley operation - www.hotel/cruiseline.de
Nov 02–Feb 04	**Chef de Partie Tournant, Cruise Line/Hotel** - Operated by XYZ, it has 160 rooms/suites, 15 F&B outlets and recreation/leisure facilities - Responsible for the Italian a la carte restaurant, pastry and bakery preparation, assisting in pantry and buffet setups that include cooking of appetizers, pizzas and main courses - Involved in large quantity preparations and service for special functions and banquets of up to 1500 guests - www.hotel/cruiseline.de
Sep 02–Oct 02	**Demi Chef de Partie Tournant, Cruise Line/Hotel** - XYZ proudly continues a tradition of luxury cruising began in 19... Today is flagship, XYZ, is the world's famous ship and the greatest liner. - Responsible for vegetable and soups preparation, cold appetizer and salads preparation - Assist in extensive lunch and midnight's buffet as well as in special functions - www.hotel/cruiseline.de

Aug 00–Aug 02	**Commis de Cuisine, Cruise Line/Hotel** - 4* hotel offers 150 rooms. The hotel is located in the heart of the Swiss mountains. The hotel features are 2 bars, 2 restaurants and seven meeting rooms. I worked for two seasons as Saucier and Gardemanger. - www.hotel/cruiseline.de
Aug 97–Jul 00	**Apprenticeship, Restaurant/Hotel** - International and regional cuisine with breakfast, lunch and dinner buffet. The menu offers light starter, vegetarian food, fine fish or meat dishes as as tempting desserts. I work in the departments cuisine, banquets, restaurant and controlling. - www.hotel/cruiseline.de
Date, Signature	

Zeugnisse

Die Form der Anlagen sollte mit Bedacht gewählt werden. Zeugnisse und andere Dokumente dürfen niemals im Original versandt werden. Manche Firmen schaffen es aus organisatorischen Gründen nicht, die Unterlagen zurückzusenden. Kopien sind in der Regel absolut ausreichend. Es ist möglich (wird aber eher selten verlangt), diese von der Schule oder Ausbildungsstelle, bei einem Rechtsanwalt oder einer öffentlichen Behörde beglaubigen zu lassen. Das ist die sicherste und einfachste Lösung für Bewerber und Unternehmen. Zu einer akkuraten Form der benötigten Dokumente gehört auch deren Vollständigkeit. Die geläufigsten Anlagen sind Schul- und Ausbildungszeugnisse, Arbeitszeugnisse und Empfehlungen früherer Arbeitgeber. Der Umfang und die Art der Anlagen variieren mit der Anstellung, auf die Sie sich bewerben. Insgesamt sollten die Anlagen nicht zu umfangreich werden. Reedereien geben auf ihrer Homepage meist an, welche Unterlagen sie von Bewerbern erwarten. Ist dies nicht der Fall, kann diese Information durchaus per Telefon oder E-Mail-Anfrage vorab eingeholt werden. Dies ist auch eine gute Gelegenheit für ein erstes Gespräch mit dem Unternehmen und signalisiert Sorgfalt und Interesse.

Zeugnisse und Zertifikate

Schulzeugnisse Ausbildungszeugnisse Arbeitszeugnisse

Wenn vorhanden

Zertifikate zum Beispiel Barkeeperschule, Englisch- oder andere Sprachkurse Weiterbildungen Sicherheitszertifikate STCW Seemannsbuch Impfbuch (Gelbfieberimpfung)

Referenzen

Wenn Sie Ihre Arbeit gut gemacht haben, lassen Sie sich dies bescheinigen. Eine Empfehlung einer neutralen Person kann Ihrer Bewerbung zum Erfolg und Ihnen zum Karrieresprung verhelfen. Referenzen sind lobende Beurteilungen, die Sie auf keinen Fall in Ihrer Bewerbung vergessen sollten. Sie werden im Lebenslauf verzeichnet. Ein Referenzschreiben ist ein Empfehlungsschreiben, das auf Wunsch beim Vorgesetzten einzuholen ist. Es kann sowohl schriftlich als auch mündlich eingeholt werden.

Bewerbungsfoto

Sie sollten ein professionelles Foto bei einem Fotografen erstellen lassen. Schnappschüsse aus dem Automaten oder veraltete Bilder sind Ausscheidekriterien. Bei einem professionellen Foto spielen der Blick in die Kamera, die Kleidung und das Make-up eine wichtige Rolle. Die Kleidung sollte ordentlich und sauber sein.

4.3 Vorstellungsgespräch

Werden Sie zu einem Vorstellungsgespräch oder zu einem Assessment Center, einem Telefoninterview oder einem Online-Interview über Skype eingeladen, so haben Sie die erste Hürde im Bewerbungsrennen genommen. Sie konnten mit Ihrer schriftlichen Bewerbung überzeugen.

Viele ausländische Reedereien bieten Interviews und Tests auf so genannten Recruiting Days an. Diese können von der entsprechenden Recruiting-Agentur oder von der regionalen Vertretung der Reederei organisiert sein. Connect Jobs zum Beispiel organisiert jedes Jahr im Januar den Cruise Recruiting Day in Bremerhaven und im Mai den Summer Cruise Recruiting Day in Hannover. Hier treffen sich namhafte europäische und amerikanische Reedereien und bieten Bewerbern die Chance, sich bei mehr als einem potenziellen Arbeitgeber persönlich vorzustellen. Genauere Informationen dazu finden Sie im Eventkalender auf der Website www.connect-willkommenanbord.de oder unter www.connectjobs.de.

Allgemeine Hinweise zum Vorstellungsgespräch

Jedes Auswahlverfahren ist anders, dennoch gibt es ein paar Dinge, die Sie grundsätzlich beachten sollten.

Sie sollten eine Kopie der Bewerbungsunterlagen dabeihaben und deren Inhalt genau kennen, falls gezielte Fragen zu einem bestimmten früheren Arbeitgeber oder einer Zeugnisnote gestellt werden. Darüber hinaus ist es ratsam, auch die Stellenausschreibung bis ins kleinste Detail zu kennen, um sich auch im Gespräch realistisch zu präsentieren. Informieren Sie sich ausgiebig, am besten über die Firmen-Website, über das Unternehmen.

Es wird immer gerne gesehen, wenn Sie selber Fragen stellen. Dies bekundet wahrhaftiges Interesse an dem jeweiligen Job. Sie können sich beispielsweise in den Tagen vor dem Gespräch eine Fragenliste zusammenstellen, mit Dingen, die Ihnen bezüglich der angestrebten Stelle noch nicht klar sind. Während der Vorstellung oder im Laufe des Gesprächs wird der Interviewer von selbst auf einige dieser Punkte eingehen. Fragen, die dann noch offen geblieben sind, können Sie daraufhin stellen. Die Fragen sollten realistisch sein, den neuen Arbeitsplatz betreffen und von Bedeutung sein. Das heißt, es ist nicht wichtig, ob ein Fernseher oder ein Fitnessraum zur Verfügung steht. Fragen nach der benötigten Uniform, nach Versicherungen, Anreisekosten und Ähnlichem sind dagegen von Bedeutung. Auf das Thema Geld wird der Interviewer meist selbst zu sprechen kommen.

Wer eine längere Anreise hat, sollte diese frühzeitig planen. Kalkulieren Sie eventuelle Staus und Zugverspätungen mit ein. Für den Notfall empfiehlt es sich, die Telefonnummer des potenziellen Arbeitgebers bei sich zu haben. Da jedoch auf Kreuzfahrtschiffen Pünktlichkeit eines der obersten Gebote ist, muss schon ein außerordentlicher Grund vorliegen, um ein Zuspätkommen zu entschuldigen.

Nur wer ausgeruht ist, kann sich besser konzentrieren und macht einen fitten und gesunden Eindruck. Der Interviewpartner wird merken, ob Sie sich auf das Gespräch vorbereitet haben.

Persönliches Auftreten

Wer in seinem Job viel mit Gästen in Kontakt steht, repräsentiert auf diese Weise seinen Arbeitgeber. Dieser bewertet daher beim Vorstellungsgespräch natürlich auch das Auftreten und die Kleidung.

Ein gepflegtes Erscheinungsbild ist natürlich Voraussetzung. Die Haare sollten nicht bunt gefärbt sein. Piercings, Tattoos und sonstiger auffälliger Körperschmuck sollten nicht zu sehen sein. In der Regel dürfen solche Accessoires auch bei der Arbeit auf dem Schiff nicht gezeigt werden. Daher sollte man damit auch kein persönliches Problem haben, darauf verzichten zu müssen. Vor allem für Bewerberinnen gilt: Lieber zu dezent als zu aufdringlich, angemessene Schuhe, kein Minirock, dezenter Ausschnitt, unaufdringliches Parfüm und Make-up, nicht zu viel Schmuck, ein Ring pro Finger und ein Paar Ohrringe sollten reichen.

4.4 Assessment Center

Ein Assessment Center ist ein betriebliches Auswahlverfahren, bei dem die besten Bewerber ermittelt werden, die den Anforderungen des Unternehmens am besten entsprechen. Zu den Methoden eines Assessment Centers zählen vor allem Intelligenztests, Rollenspiele, Präsentationsaufgaben, Gruppendiskussionen und vor allem auch das Einzelinterview. Hier werden vor allem soziale Kompetenz, Leistungs-, Konzentrations- und Teamfähigkeit verlangt. Einige Methoden erfordern eine gründliche Vorbereitung und ein effektives Training. Wenn Sie zu einem Assessment Center eingeladen wurden, planen Sie einen Tag für ein solches Eignungstestverfahren ein.

Einzelinterviews

Kreuzfahrtunternehmen legen sehr großen Wert darauf, dass die Gäste familiär und zuvorkommend von den Crew-Mitgliedern behandelt werden. Um sicher zu sein, die richtigen Mitarbeiter auszuwählen, möchten sie sich üblicherweise in Einzelinterviews ein persönliches Bild von den Bewerbern machen. Es ist wichtig, dass Sie sich gut auf das Gespräch vorbereiten.

Die meisten Informationen über eine Reederei erhalten Sie im Internet. Manchmal lohnt auch der Gang in ein Reisebüro, wo Sie nach einem Katalog fragen können, um sich einen ersten Eindruck zu verschaffen. Kataloge sind für die Passagiere gedacht, doch gerade deshalb lässt sich natürlich aus ihnen erkennen, was dem Gast an Bord geboten werden soll, was dieser dementsprechend erwartet und welchen Service Sie als zukünftiges Crew-Mitglied folglich zu leisten haben.

In einem Restaurant oder bei einem Friseur besteht die Möglichkeit, den Bewerber einen Tag zum Probearbeiten einzuladen. Bei Kreuzfahrtreedereien ist das schwer möglich. Das Unternehmen muss sich daher auf Ihre Referenzen und Ihr Wissen verlassen können. Das heißt, Sie sollten sich darauf einstellen, dass konkrete Fragen zu Arbeitsabläufen oder Arbeitsmaterialien, die eine entsprechende Position betreffen, gestellt werden. Ein Koch könnte beispielsweise nach der Zubereitungsart eines bestimmten Gerichtes, ein Weinsteward nach einer besonderen Getränkeempfehlung und eine Rezeptionistin nach ihrer Reaktion auf Gästebeschwerden gefragt werden. Die Möglichkeiten sind hier vielfältig.

Es ist ganz normal, dass unterschiedliche Bewerber unterschiedliche Qualifikationen mitbringen. Lassen Sie sich deshalb nicht nervös machen, wenn erfahrenere Kollegen ihr Können präsentieren. Die Persönlichkeit und die Art und Weise, wie mit Problemen umgegangen wird, sind hier von großer Bedeutung.

Haben Sie im Laufe des Gesprächs etwas nicht genau verstanden, fragen Sie nach, damit Unklarheiten beseitigt werden. Sie sollten allerdings vermeiden, wiederholt nach Dingen zu fragen, die bereits mehrmals besprochen wurden, da dies ein Hinweis auf Unaufmerksamkeit und Desinteresse wäre.

Tests

Im Einzelfall kann es vorkommen, dass Sie zu einem Test gebeten werden. Hier können berufsspezifisches Wissen, Englischkenntnisse oder Allgemeinwissen abgefragt werden.

In diesem Abschnitt möchten wir Ihnen die Möglichkeit bieten, sich fachgerecht auf ein Interview vorzubereiten, indem wir Ihnen Fragen vorstellen, die während eines Interviews gestellt werden können.

Natürlich werden unterschiedliche Fragen zu den jeweiligen Positionen gestellt.

Von einem Jungkoch wird nicht das gleiche Wissen wie von einem Chef de Partie mit mehrjähriger Berufserfahrung erwartet. Dies gilt für alle Positionen, die hier aufgelistet sind.

Für Bewerbungen im mittleren Management und gehobenem Management werden hier bereichsspezifische Fragen vorgestellt.

Die Fragen wurden auf Englisch formuliert, um Ihnen die bestmögliche Vorbereitung zu gewähren.

Die Agentur Connect wünscht viel Erfolg!

General questions

- Did you ever have a problem with a co-worker? How did you solve it?
- Do you have any questions? (Have a couple prepared.)
- How would your best friend describe you in three words?
- Tell me something about yourself!
- What is your motivation to work on board a ship?
- What do you like or dislike about your job ?
- What is your strength, what is your weakness?
- What kind of nationalities did you work with so far?
- What does your family / friends say that you like to leave home for several months?
- What do you know about our company?
- Where do you see yourself five years from now – what goal would you like to reach?
- Why would you like to work for us?

Barkeeper

- Name the ingredients of a “Cosmopolitan Cocktail”.
- Name three aperitives and three digestives.
- Name three champagne cocktails.
- Talk freely about your cocktail knowledge.
- What kinds of red/white/rosé wine do you know?

- What is gin – how is it made? Name at least three brands.
- What is vodka – how is it made? Name at least three brands.
- What is grappa – how is it made?
- What is Calvados – how is it made?
- What do you know about brandy?
- What is the difference between whiskey and scotch?
- What kinds of non-alcoholic cocktails do you recommend?
- What are the ingredients?
- What is the driest type of sherry?
- What is port wine?
- Who is making Dom Perignon?

Cabin Stwd.

- Describe how and in what order you would clean and prepare a cabin and why?
- Did you ever have to deliver special orders to the cabin?
- Did you ever have to check the minibar?
- Did you ever do room service ? If so, what would you think is good room service?
- Has a guest ever approached you in an inappropriate way ? What did you do?
- Do you use different cleaning materials for different areas in the cabin?
- Have you ever heard of a "turn down service"?
- How many cabins did you do in one day?
- How often did you have to change the linen?
- How long should it take to clean and prepare a complete cabin and suite?
- What do you think are the duties of a Cabin Stwd.?
- What do you do if finding cash/jewellery under the bed?
- What would you do if you find a cabin totally damaged?

Chef de Partie

- Name six types of fresh herbs.
- Name three different hams.
- Name five potato preparations.
- Name three types of melons.
- Name at least three common salad dressings and how to make them.
- Name at least five different Italian and French cheeses.
- Name at least eight items you would put on an antipasti buffet.
- Name five beef cuts.
- Please explain what a carpaccio is!

- What is a double consommé and how do you prepare it?
- What is Beef Wellington?
- What would you serve for a five course menue and why do you choose that?
- What is vegetarian/vegan food?
- What is lactose intolerance?
- What are the main ingredients of Bechamel, Mournay, Hollandaise, Bernaise?
- What are canapés?
- What are the classical condiments for serving Caviar?
- What is a demi-glace?
- What is a Soufflé?

Chef de Rang
- Do you know what silver service is and can you explain it?
- How do you do a Sauce Hollandaise or Sauce Bernaise?
- Name eight fruits you can serve for breakfast.
- Name five different Italian cheeses.
- Name at least three different cuts for beef – (Rib Eye, T-Bone, Filet etc.)
- Name five kinds of potato cuts / dishes, f.e. pomme maccaire etc.
- Name five different kinds of pasta (f.e. farfalle etc.).
- What do you do when a customer complains about the food?
- What is a Caesar Salad?
- What is a double consommé?
- What is a cocktail dressing?
- What is Beef Wellington?
- What is vegetarian/vegan?
- What is a Waldorf Salad?
- What is a Gazpacho soup?
- What is lactose intolerance?

Confectionaire / Patisserie
- Are you able to do show pieces? From what? Sugar, chocolate …
- Do you know how to make ice cream?
- Do you know how to make a sorbet?
- Do you know how to make pralines?
- Do you know how to make parfaits?
- Do you know how to do crèmes and mousse?
- What is a Crepe "Suzette"?

- What is a Sabayon?
- What is a Soufflé? Frozen Soufflé?
- What is a meringue?
- What is a tarte tatin?
- What kind of cakes are you familiar with?
- Name three different warm desserts.
- Name your favourite dessert and explain how you prepare it.
- Name three different types of chocolate.
- Name five typical cream cakes.
- Name three typical german desserts.
- Name five internationally well known desserts.

Reception
- Did you have to deal with cash handling, and for how much money have you been responsible at your prior employments?
- Did you ever deal with foreign currencies?
- Did you ever work as a night audit and/or concierg?
- Have you ever done customer complaint handling? Give some examples.
- What is the worst/best thing that ever that happened to you while on duty?
- What nationalities are you used to work with?
- What kind of language knowledge do you have – speaking, reading, writing?
- What do you think are the main duties of a receptionist?
- Which computer programs are you able to work with?

Sommelier
- At what temperature do you serve Beaujolais?
- Name three aperitives and three digestives.
- Name five types of grapes and their characteristics.
- Name at least five kinds of Italian wines.
- Name two of the main factors that will affect the quality of wine.
- Talk freely about your wine knowledge.
- What is "Méthode champenoise"?
- What is the difference between Rhine and Moselle wine?
- What are the three senses needed for the tasting of a wine?
- What are the quality levels of champagne?
- What are the temperatures you serve red and white wine?

Middle Management and upper Management

- Are you used to writing daily and weekly reports to your employer / company?
- Are you used to working with a budget and keeping it?
- Are you familiar with financial reports?
- Are you able to check and control an inventory?
- Are you very familiar with the most known PC program?
- Did you ever do service plans?
- Did you ever write warnings?
- Did you ever do and discuss evaluations with your crew?
- Did you ever have to fire a person?
- Did you hold daily or weekly meetings?
- Did you do "spot checks" in your department? How often?
- Of how many employees have you been in charge?
- How do you deal with a person who does not follow rules and regulations?
- How do you motivate your crew?
- Tell me something about yourself.
- What kind of manager are you?
- What do you do if a person f.e. a cook does not fit at the designated post?
- What is "social competence" for you?

Sie als Bewerber sollten in der Lage sein, diese Fragen in englischer Sprache zu beantworten.

Außerdem wird vorausgesetzt, dass Sie Ihren Arbeitsbereich auf Englisch beschreiben können.

Um sicherzustellen, dass sich alle Crew-Mitglieder untereinander verstehen, ist Englisch auf Kreuzfahrtschiffen die offizielle Bordsprache. Sicherheitsregeln sind ausschließlich in englischer Sprache, auch wenn überwiegend dreisprachige Gäste an Bord sind. Daher ist es unumgänglich, die grundlegendsten Dinge zu verstehen und sich auch mitteilen zu können. Wer sich auf eine Stelle auf einem britischen oder amerikanischen Kreuzfahrtschiff bewirbt, sollte über entsprechend gute Englischkenntnisse verfügen. Als kleine Übung finden Sie auf den folgenden Seiten ein Bord-ABC in englischer Sprache mit nützlichen Informationen zum Leben an Bord.

Infobox – little Bord ABC

A Accommodation: The accommodation will be double berth, or single cabin, depending on your position on board. Double Cabins are normally shared by colleagues of the same department and same sex. The cabins are very small, but fitted with all necessary facilities like bathroom with shower and TV.

A Arrival/Departure: This varies from cruise line to cruise line and also depends on the position. In most cases cruise lines arrange and pay for transportation after completing the first contract.

B Bathroom: Depending on the Cruise Line there will be a bathroom in your cabin *or* a common one on the corridor (there will be separate facilities for females and males of course). Bathrooms are very small so you might not have a lot of room for putting a whole drugstore in it.

B Bed: Double cabins are usually equipped with bunk beds.

C Cabin Inspection Most Cruise Lines inspect the crew's cabins regularly in order to assure that policies and regulations on board are being followed.

C Cloth: You don't need to bring your whole wardrobe. You will spend most of the time wearing your uniform and won't have many chances wearing private clothes. – You will also need some space for your shore side shopping / souvenirs and the room in your cabin is very limited. Bring some jeans, T-shirts, sweatshirt, comfortable shoes, bathing cloth.

C Credit Card: Having a credit card will make life a lot easier. When travelling around the world, we highly recommend to apply for a credit card because it is convenient to pay any bills and credit cards usually include an insurance for many things, depending the kind of credit card.

C Crew: The Crew are the people you are working with. The Crew depends on the cruise line's identity, and the nationality of the passengers.
Usually there is a good mix of nationalities and you can work with up to 60 different nationalities.

C Crew Bar: Nearly all the ships have a crew bar on board where you can rest, watch TV, have a drink, play games & meet other colleagues. Furthermore it is the place for Crew parties.

D Documents: You need a passport, valid for at least 12 months. For vessels going to U.S. ports you will need to obtain a C1/D Visa at the US Embassy in your country of residence. Besides that you always need to provide a Criminal Background Check as well as STCW95 certificate if required.
Once you have been offered a position onboard a cruise ship you must pass a medical examination (some cruise lines have specially assigned physicians who carry out these examinations). There is a great variety of tests which differ from cruise line to cruise line. In most cases you will be responsible for the costs of the examination, but some cruise lines reimburse the costs after joining the vessel. Depending on the cruise line and the itinerary you may have to get vaccinated.

E Electrical Items: You can bring anything you want to: notebooks, CD- or tape players. It might be difficult to get a radio reception though. You may need to buy an international converter.

F Food: Food is free of charge for every crew member. It is not permitted to store food in your cabin. It is only allowed to eat in the staff messes or special common rooms.

H Holiday: At the end of your contract you will start your vacation, which is usually between 6 to 8 weeks. During this time you are not paid, not employed by the company.
This is the same f.e. when working a winter season in Austria or Switzerland. Well before going on vacation, the company will discuss with you your new joining date and usually already issue you a new contract of employment.

H Hospital: Normally ships will have a little hospital or nursery station on board where you can go when you are feeling sick, this is free of charge. The facility might have special opening hours. If you take medicine on regular bases, you should bring enough with you to take you through the length of your contract. If some illness can not be cured while being on the ship, the Cruise line company will provide a visit of a doctor on the next port of call.

I Internet: Internet access is provided on almost every vessel. Some cruise lines may offer it free of charge, others will ask for a small fee. Nearly every port provides internet facilities close to the pier. Of course you can use your cell phone, but getting a connection depends on the country you are in.

I Insurance: There is a P&I (protection and indemnity) health coverage onboard the ship. However, it is recommended to arrange a travel medical insurance before joining because not everything is included, e.g. dentist, eye specialist or other specialised doctors as well as treatment for pre-existing conditions. Also when you are on shoreleave and you would have an accident, this is not always 100 % covered.
Check with your existing health insurance if they can offer such an international addition to the one you already have. If not, check if they can "freeze" your insurance for the time you are on board and activate your insurance again once you are back.

L Laundry: The laundry on board will clean your uniform free of charge. Cleaning of private clothes will be charged (crew discount) or you can wash them yourself. Most ships have special facilities with washing machines, dryer and iron. It is absolutely forbidden to use your own iron in your cabin.

L Linen: Linen will be provided for free on board.

L Luggage: Please make sure that you don't arrive with the biggest suitcases you have, because you will have just limited space in your cabin and sometimes the luggage doesn't fit under the bed or on the closet. A sport bag is the best you can take as it is foldable.

M Medicine: If you need any kind of special medicine such as eye drops or pain reliever please do not forget to take it with you. Also take enough of the medicine you take on regular bases, so it lasts throughout your contract. It might be difficult to purchase those in different countries.

O On board visits: Sometimes cruise lines offer special rates and conditions for your family and friends. You should check this individually once you are on board.

P Passenger Areas: Walking in passenger's areas is only allowed in proper uniform. Going ashore please mind to always take the shortest way passing the passengers area to the gangway.

P Ports: When you are "off duty", which means in your free time, you can go ashore to explore the different countries. Leisure time depends on your position and your working schedule. You need to watch the times when you have to be back on board, which is usually one hour before ships departure, and usually half an hour before the passengers need to be back.

R Recreation time: Despite the fact that you are working long hours onboard, you will also have the possibility to spend your free time ashore, visiting foreign ports, cities and countries. Usually the ships have a crew gym or even a jogging track, a crew bar and some may also have a crew deck where you can enjoy your free time. The bigger the ships the more varied the crew facilities.

S Salary: Your salary will be paid out in cash on board or directly transferred on your home account; you can choose and decide this while you are onboard in the crew purser's office. It is also possible to split it and get it partly cash and the rest on your home account. If you are earning USD, it might be good to check with your bank before joining if you should open an USD account! Or ask if they would give you any other suggestions.

S Shop: On bigger ships, crew members may buy items like beverages, cigarettes, snacks, cosmetics etc. at special crew prices in the shop on board. – It is called Slopchest. The Passenger shops on board can be used as well, at special opening hours.

S Smoking: Smoking is allowed but only in designated areas and never in your cabin. On most ships the crew bar on board sells cigarettes for the crew.

S Socket: In every crew cabin onboard a cruise ship you will find a socket, but it might not be the one you have at home.
If you want to bring your own laptop, cell phone, mp3 player etc. with you it is recommended to bring your own adapter which is justified for every country.

S Sport: Usually cruise ships have their own crew gym which is free of charge for the whole crew, providing different devices for you to stay in shape. This varies and very much depends on the ship size.

S STCW 95: STCW stands for "Standards of Training, Certification and Watchkeeping for Seafarers". These certificates are for seagoing ships only, not for River Ships.
To obtain a STCW95 certificate you have to attend courses in Basic Safety Training, Crowd and Crisis Management, Fire Prevention and Fire Fighting and a Passenger Safety. On most of the seagoing ships this certificate is required and has to be done before going on board. See more details in chapter 5.

T Towels: Will be provided and washed free of charge on board.

U Uniform: There are uniform requirements and they are usually provided by the cruise lines. Normally you will get the uniform onboard.

Our advice is to bring also (depending on your position) 1 or 2 sets of private working clothes. In some countries it can be difficult to buy the right shoes, so it will be better to bring sufficient comfortable shoes with you.

Ladies usually need to wear stockings, it is advisable to take as many as possible as you may not be able to buy the ones you like all around the world.

U USPH: This stands for United States Public Health and all passenger ships arriving at U.S. ports are subject to unannounced inspections under the voluntary cooperative inspection program. This could be compared with the European HACCP.

V Vegetarian: In general there will be no problem in getting vegetarian dishes.

W Work: Whilst away your working week is seven days a week, with an average of 10–11 hours a day. However as with all service industry jobs you have to be flexible. Some days will be longer than others and some days shorter.

River Advice®
Competence on Inland Waterways

River Advice – Kompetenz auf dem Fluss

Erfrischend, mit welcher Dynamik River Advice Ltd als weltweit führendes, unabhängiges Kompetenz- und Servicezentrum für die Flusskreuzfahrtbranche in nur acht Jahren auf weit über 1'000 Mitarbeitende gewachsen ist. Serviceorientiert und professionell entwickelte sich das Unternehmen mit maßgeschneiderten Dienstleistungen für seine Kunden zu einem der wichtigsten Arbeitgeber auf Europas Flüssen.

Vielleicht ist es die Begeisterung für die Technik oder einfach nur das Fernweh, das Menschen plötzlich packt, wenn sie am Flussufer noch lange dem Kreuzfahrtschiff hinterherschauen, bis es in der nächsten Flussschleife verschwindet. Gut möglich, dass es sich dabei um ein Schiff der River Advice-Flotte gehandelt hat. 32 Schiffe betreibt die Gesellschaft mit Sitz in Basel zurzeit. Alle sind sie für internationale Reiseveranstalter unterwegs auf Europas Wasserstraßen. Und an Bord entdecken je nach Schiffsgröße zwischen 60 und 180 Passagiere vielseitig variierende Landschaften - mal pulsierende Städte, mal unberührte Natur - und genießen dabei auf ihrer Urlaubsreise Kultur und Kulinarik auf und am Fluss.

Die Zufriedenheit der Passagiere steht bei River Advice im Mittelpunkt. Das hohe Serviceverständnis der Mitarbeitenden und das Setzen und Einhalten von klaren Qualitätsstandards ermöglichte binnen kürzester Zeit ein solides Wachstum. Trotz der Größe des Unternehmens ist die Arbeit auf dem Schiff nicht anonym. Teamfähigkeit wird vom Management vorausgesetzt und gelebt. Die Kommunikationswege zu den Schiffen sind kurz. Geregelte Strukturen und eine stets gute gegenseitige Erreichbarkeit setzen das hervorragende Zusammenspiel zwischen der Landorganisation und der Crew an Bord voraus. Spaß an der Arbeit ist bei River Advice ebenso wichtig wie Wirtschaftlichkeit und Erfolg. Nicht zuletzt deshalb entscheiden sich viele weltoffene Persönlichkeiten mit Freude am Umgang mit Menschen für eine Karriere an Bord eines River Advice Schiffes.

River Advice®
Competence on Inland Waterways

Fahrgebiet

Das Fahrgebiet der River Advice-Flotte reicht von Amsterdam bis Oltenita, von Marseille bis Kaliningrad. Die Schiffe sind hauptsächlich zwischen April und Oktober auf auf Rhein, Main, Mosel, Saar, Neckar, Donau, Moldau, Havel, Seine, Rhône, Saône sowie auf dem Po unterwegs.

Abenteuer Schiff

Das Leben an Bord unterscheidet sich weitgehend vom Landleben. Bis zu 50 Crewmitglieder aus verschiedenen Ländern und Kulturen stellen gemeinsam sicher, dass sich die Gäste an Bord jederzeit wohl fühlen. Gegenseitige Rücksicht ist eine Grundvoraussetzung.
Die Arbeit auf dem Kreuzfahrtschiff ist vielseitig, längere Arbeitszeiten sind üblich. Aber weil die Schiffe stets touristisch attraktive Reiseziele ansteuern, entdeckt ein Besatzungsmitglied vom schwimmenden Arbeitsort aus weite Teile Europas und kann zuhause viel erzählen.

Der Job beginnt mit dem Kick-Off-Meeting im Frühjahr, wo Mitarbeitende ausführliche Ausbildungstrainings absolvieren, damit sie gut vorbereitet die neue Stelle an Bord antreten können. Nach der Schiffszuteilung werden die Crewkabinen bezogen. Die Flusskreuzfahrtschiffe der River Advice-Flotte verfügen ausschließlich über Außenkabinen mit TV. Auch für alle Mitarbeitenden. Die Unterkünfte sind einfach und klein. Crewkabine, Dusche und WC werden geteilt. Es wird am Anfang Zeit in Anspruch nehmen, sich der neuen Schiffskultur anzupassen. Aber schon bald empfinden Mitarbeitende das Schiff als neues Zuhause, man wird zum gut funktionierenden Team. Freundschaften entstehen.

Während der Kapitän das Schiff mit Unterstützung der nautisch-technischen Besatzung sicher von Hafen zu Hafen steuert, kümmert sich die Hotelcrew um das Wohlergehen der Gäste. Die Saison vergeht im Flug. Jede Woche oder alle vierzehn Tage beginnt eine neue Reise, begegnen Mitarbeitende neuen Gästen, warten unbekannte Herausforderungen und Aufgaben.

Die Kreuzfahrtbranche boomt. Neue Schiffe werden gebaut. Unzählige Passagiere kehren aufgrund der stressfreien und abwechslungsreichen Art des Reisens immer wieder aufs Schiff zurück, verzaubert und fasziniert vom komfortablen Hotel auf dem Wasser.

Wann packt Sie die Reiselust?

5. Vor der Abreise

5.1 Vorbereitung

Sobald Sie die Zusage für einen Job auf einem Kreuzfahrtschiff bekommen haben, müssen Sie rechtzeitig mit der Planung und der Organisation verschiedener Dinge beginnen.

Wohnung

Wenn Sie in einer Mietwohnung wohnen, können Sie, wenn noch möglich, den Mietvertrag fristgerecht kündigen und ausziehen. So sparen Sie Mietkosten und müssen sich um die Wohnung keine Gedanken machen.

Als Alternative können Sie mit dem Vermieter eine Vereinbarung über mögliche Nachmieter oder Zwischenmieter treffen.

Der Zwischenmieter unterschreibt einen Untermietvertrag und darf während der Abwesenheit die Wohnung nutzen. Im Internet gibt es zahlreiche regionale und überregionale Anbieter, mit deren Hilfe Sie einen passenden Untermieter finden können.

Eine weitere Möglichkeit ist, die Wohnung zu behalten und leer stehen zu lassen. In diesem Fall sollten Sie eine Person Ihres Vertrauens beauftragen, um beispielsweise den Briefkasten zu leeren. Die Post kann aber auch an die Reederei weitergeleitet werden. Jede Reederei hat eine Adresse für Crew-Mitglieder und liefert die Post regelmäßig an Bord. Dies sollte aber nur eine Notlösung sein.

Falls Sie Ihre Wohnung kündigen, sollten Sie sich beim Einwohnermeldeamt oder der zuständigen Stelle am Wohnort abmelden. Da Sie einen Wohnort nachweisen müssen, empfiehlt es sich, für die Zeit auf dem Schiff vorübergehend den Wohnort von Eltern, Freunden oder Verwandten anzumelden.

Bankangelegenheiten

Da Sie häufig in fremden Ländern Bargeld benötigen, ist es wichtig, sich bei Ihrer Bank nach den aktuellen Auslandskonditionen zu erkundigen. Jede Bargeldabhebung im Ausland kostet eine Gebühr, und böse Überraschungen sollten vermieden werden. Viele Banken haben Niederlassungen im Ausland oder Partnerbanken, bei denen man gebührenfrei

Geld abheben kann. Trifft dies auf Ihre Bank nicht zu, sollten Sie eventuell für die Zeit an Bord ein zusätzliches Konto bei einer anderen Bank eröffnen.

Darüber hinaus zahlen manche Reedereien die Gehälter nur in US-Dollar aus. Daher ist es ratsam, im Voraus ein US-Dollar-Konto einrichten zu lassen.

Eine Kreditkarte ist in vielen Ländern von großem Vorteil, da mit ihr Geld abgehoben und bargeldlos bezahlt werden kann. Wird die Kreditkarte im Ausland eingesetzt, ist der Wechselkurs üblicherweise günstiger als in Wechselstuben. Zudem bieten viele Karten umfangreiche Zusatzleistungen, die unterwegs von Nutzen sein können, zum Beispiel Auslandsversicherungen oder Gepäckversicherungen. In den Vereinigten Staaten zum Beispiel kann man sich ohne Kreditkarte nicht einmal ein Auto mieten.

Telefon

Um den Kontakt zu Freunden und Familie auch im Ausland kostengünstig herstellen zu können, empfiehlt es sich, Telefontarife im Voraus zu vergleichen.

Manchmal lohnt sich auch die Anschaffung eines Zweithandys oder der Wechsel zu einem anderen Anbieter. Wer längere Zeit auf sein Handy verzichten kann, für den gibt es in fast jedem Hafen die Möglichkeit, eine günstige Telefonkarte zu erstehen und Telefonzellen oder so genannte Call Shops zu benutzen.

Auf einigen Schiffen ist das Telefonieren auch von der eigenen Kabine aus möglich. Da diese Verbindungen aber über Satelliten laufen, sind sie ungleich teurer als alle anderen Arten des Telefonierens. Erkundigen Sie sich auf jeden Fall an Bord. Telefonkarten sind beim Crew Purser erhältlich.

Steuern, Rente und Sozialversicherung

Arbeiten Sie auf einem Kreuzfahrtschiff, bedeutet das höchstwahrscheinlich zugleich, dass Sie im Ausland arbeiten, einen ausländischen Arbeitsvertrag haben, je nach Flaggenstaat des Schiffes. Dies hat Auswirkungen auf die Themen Steuern, Rente und Sozialversicherung, bei denen Sie in der Seefahrt mit vielen Besonderheiten konfrontiert werden. Hierzu lassen sich keine allgemeingültigen Angaben machen, Sie müssen Ihren Fall persönlich mit der hierfür zuständigen Stelle besprechen.

Soziale Leistungen wie die Rentenversicherung werden lediglich von einigen Reedereien gezahlt, Ausnahmen sind hier die Flusskreuzfahrtreedereien. Dagegen ist eine allgemeine Krankenversicherung in der internationalen Schifffahrt immer im Vertrag inklusive.

Eine kostenpflichtige, aber lohnende Investition ist, einen Steuerberater zu Rate zu ziehen. Er kennt alle Gesetze und Regelungen und kann bei diesen schwierigen, komplexen Fragen kompetent zur Seite stehen. Vor allem Steuerberater, die an der norddeutschen Küste ansässig sind, haben Erfahrungen mit dem Steuerrecht für Seefahrer.

Darüber hinaus empfiehlt es sich, sein Finanzamt zu kontaktieren. Die Adresse Ihres Finanzamtes finden Sie unter *http://www.finanzamt.de* oder auf der Lohnsteuerkarte. Meist fahren die Schiffe unter einer fremden Flagge, wie zum Beispiel den Bahamas – ob und wie viel Steuern Sie dann in Ihrem Heimatland zahlen müssen, ist nicht pauschal zu beantworten. Sie sollten dies jedoch im Voraus klären, um nach der Rückkehr keine bösen Überraschungen erleben zu müssen. Umfangreiche Informationen für Österreich und die Schweiz finden Sie unter *http://www.steuerindex.at* und *http://www.swiss-tax.ch*.

Beziehen Sie bereits eine laufende Rente, wie Halbwaisen- oder Witwenrente, so ist ein Gespräch mit der zuständigen Rentenkasse auch Teil der Vorbereitung. Adressen der Rentenstellen in Deutschland, Schweiz und Österreich können unter *www.deutsche-rentenversicherung.de* eingesehen werden. Auch die wichtige Frage, wie sich die Einzahlung in die Altersrente gestaltet, kann dort beantwortet werden.

In die Sozialversicherung zahlen bei einer Anstellung in Deutschland Arbeitgeber und Arbeitnehmer zu gleichen Teilen ein. Das kann sich bei einer Anstellung auf einem Kreuzfahrt- oder Flusskreuzfahrtschiff völlig anders verhalten. Die zentrale Seite für Sozialversicherungsfragen ist *http://www.deutsche-sozialversicherung.de*. Wichtige Adressen für Österreich und die Schweiz zum Thema Sozialversicherung finden Sie unter *http://www.hauptverband.at* und *http://www.admin.ch* (Schweizer Eidgenossenschaft).

Aus Erfahrung lässt sich sagen, dass sich viele Ämter, die an der Küste liegen, besser mit den Regelungen für Seefahrer auskennen. Anfragen zu den Themen Steuern, Rente und Sozialversicherung sind häufig sehr aufwendig. Dennoch sollten Sie sich vor der Abreise unbedingt damit auseinandersetzen, um nach dem Schiffsaufenthalt einen reibungslosen Wiedereinstieg an Land zu finden.

Auslandskrankenversicherung

Zusätzlich zu der allgemeinen Krankenversicherung, die ein jedes Besatzungsmitglied automatisch hat, wenn es einen Vertrag unterschreibt und an Bord geht, lohnt es sich immer, eine private Auslandskrankenversicherung abzuschließen. Zwar sind Sie zu 100 Prozent versichert, solange Sie an Bord sind, passiert aber ein Unfall in Ihrer Freizeit, während Sie zum Beispiel auf einem Landausflug sind, dann werden anfallende Kosten nicht immer zu 100 Prozent ersetzt. Klären Sie bitte mit der Reederei den Umfang der

Versicherung. Eine Auslandskrankenversicherung ist häufig recht preiswert und bietet einige Vorteile, darunter beispielsweise im Notfall den Rücktransport nach Hause, wofür die Krankenversicherung der Reederei eventuell nicht aufkommt. Viele Krankenkassen bieten eine solche Erweiterung ihrer Leistungen an. Sie sollten sich frühzeitig mit Ihrer Krankenkasse in Verbindung setzen und nach Auslandsvertragsoptionen fragen.

Führungszeugnis

Viele Reedereien fordern von ihren zukünftigen Arbeitnehmern ein Führungszeugnis. In Deutschland kann dies bei der örtlichen Meldebehörde beantragt werden. Weitere Informationen über das Führungszeugnis gibt es unter *http://www.bundesjustizamt.de.*

Die richtigen Ansprechpartner für Österreich und die Schweiz finden Sie unter *http://www.help.gv.at* und *http://www.bj.admin.ch.*

Meist dauert es zwei Wochen oder länger, bis Sie das Führungszeugnis ausgestellt bekommen. Sie erhalten aber einen Beleg, dass Sie das Zeugnis beantragt haben – dies reicht vielen Reedereien für den Einstieg zunächst aus. Das Original kann dann nachgereicht werden.

Reisepass

Wenn Sie wissen, dass Sie auf einem Schiff arbeiten wollen, ist es wichtig, umgehend einen Reisepass zu beantragen. Die Anfertigung kann einige Wochen dauern, so dass eine frühzeitige Beantragung dringend empfohlen wird. Reisepässe können bei der örtlichen Meldebehörde oder im Bürgerbüro beantragt werden. Der Reisepass kostet 37,50 Euro für Personen bis 24 Jahren und 59,00 Euro ab 25 Jahren (Stand Mai 2012). Er ist zehn Jahre lang gültig. Manche Reedereien verlangen, dass Ihr Reisepass immer mindestens noch ein ganzes Jahr lang gültig sein muss, damit Sie an Bord eines Kreuzfahrtschiffes arbeiten können. Für die Ausstellung eines Reisepasses benötigen Sie Ihre Geburtsurkunde oder den Personalausweis und zwei Fotos, die gemäß der Norm für Reisepässe angefertigt worden sind. Die Bestellung eines Express-Reisepasses ist möglich, die Kosten hierfür belaufen sich auf 91,00 Euro (für Personen unter 24 Jahren sind es 69,50 Euro). Der Express-Reisepass wird innerhalb von 48 Stunden ausgestellt. In Einzelfällen ist es auch möglich, erstmals einen vorläufigen Reisepass zu beantragen, der dann aber nur ein Jahr gültig ist, dafür aber sofort vor Ort ausgestellt wird.

Visum

Ein C1/D-Visum ist für jeden angehenden Seefahrer Pflicht, der seine Tätigkeit an Bord eines US-amerikanischen Schiffes ausüben möchte und/oder dessen Schiff US-amerikanisches Fahrtgebiet bereist. Das Visum erlaubt die Durchreise zum Kreuzfahrtschiff und die Arbeit an Bord in amerikanischen Fahrtgebieten. Viele Reedereien fordern es auch, wenn voraussichtlich keine Einreise nach Amerika geplant ist. Sie sichern sich so die nötige Flexibilität, um ihre Angestellten auf verschiedenen Schiffen einsetzen zu können. Möglicherweise werden Sie noch andere Visa benötigen, die im Voraus beantragt werden müssen. Viele Länder fordern zusätzliche Einreisevisa. Diese können häufig auf der Anreise im Flugzeug beantragt werden. Sie sollten sich aber vor Reiseantritt über die Einreisebestimmungen der Zielländer informieren. Meistens erhalten Sie die nötigen Informationen schon von der Reederei oder der Recruiting-Agentur. Weitere Details erhalten Sie auch bei der deutschen[18], österreichischen[19] oder Schweizer[20] Botschaft.

Das C1/D ist ein Nichteinwanderungsvisum für Crew-Mitglieder. Es wird benötigt, wenn Sie in den Vereinigten Staaten an Bord gehen oder wenn die USA als Fahrtgebiet während des Einsatzes geplant sind.

Im Folgenden werden der Beantragungsprozess und alle weiteren Details beschrieben. Dieser Prozess bedarf einiger Planung. Sie müssen persönlich in der US-Vertretung zu einem Gespräch erscheinen. Dafür sollten, inklusive Wartezeit, mehrere Stunden einkalkuliert werden. Der Reisepass des Antragstellers verbleibt nach diesem Gesprächstermin in der Vertretung. Er wird nach etwa sieben bis zehn Tagen mit dem Visum an Ihre Adresse zurückgesandt. Da der Ablauf in allen US-Botschaften in Deutschland, Österreich und der Schweiz nahezu identisch ist, wird hier nur die Beantragung eines Visums in Deutschland beschrieben.

Wo kann ein C1/D-Visum beantragt werden?

Es gibt in Deutschland eine amerikanische Botschaft und zwei Generalkonsulate, die ein C1/D-Visum ausstellen können.

18 http://german.germany.usembassy.gov.
19 http://vienna.usembassy.gov/en/embassy.
20 http://bern.usembassy.gov/deutsch.html.

Terminvergabe Deutschland

Zuerst müssen Sie einen Termin in einer der drei Botschaftsvertretungen in Deutschland – München, Frankfurt oder Berlin – vereinbaren. Dies ist online unter www.us-visa-germany.com oder über den Visa-Informationsdienst unter der zentralen Nummer 0900-1-850055 möglich. Außerdem gibt eine Ausweichnummer für Bewerber, die sich außerhalb Deutschlands befinden oder keine 0900-Nummer erreichen können, jedoch ihr Visum in Deutschland beantragen wollen. In diesem Fall lautet die Servicenummer +49 (0)9131-772-2270. Die Kosten belaufen sich für beide Nummern auf eine Pauschalgebühr von 15 € pro Anruf zzgl. der Gesprächsgebühren. Diese muss per Kreditkarte gezahlt werden.

Bei diesem ersten Telefongespräch werden Ihre persönlichen Daten erfasst und ein Gesprächstermin vergeben. Hierfür sollten Sie Dokumente wie Ihren Reisepass oder Personalausweis bereithalten. Bei der Terminvergabe gibt es kaum Alternativen. Das bedeutet, Sie sollten eher andere Termine verlegen oder absagen, um den genannten Termin bei der US-Vertretung nicht zu verpassen. Besonders wenn Sie das Visum dringend benötigen, kann es schwierig werden, denn möglicherweise müssen Sie mehrere Wochen auf einen freien Termin warten. Ohne vereinbarten Termin ist es nicht möglich, bei der Botschaft oder im Konsulat vorzusprechen.

Die Antragsunterlagen

Haben Sie einen Termin vereinbart, müssen Sie als Nächstes die notwendigen Unterlagen zusammenstellen. Einen Teil dieser Dokumente erhalten Sie zusammen mit dem Vertrag von der Reederei. Andere Papiere sind von Ihnen selbstständig zu besorgen.

Im Einzelnen benötigen Sie:

- Reisepass (muss nach der Wiederausreise aus den USA noch sechs Monate gültig sein. Als gute Faustregel für den Einsatz auf einem Kreuzfahrtschiff gilt: vom Einstiegsdatum an sollte er noch 18 Monate gültig sein)
- Ein elektronisches Antragsformular DS-160, das online unter https://ceac.state.gov/genniv ausgefüllt und ausgedruckt werden muss
- Ein neues Passbild (Angaben zu Fotoanforderungen folgen)
- Nachweis Ihrer Absicht, die USA nach einem vorübergehenden Aufenthalt wieder zu verlassen (dieses Schreiben stellt die Reederei für Sie aus)
- Eine Visa-Zahlungsbestätigung
- Einen adressierten, ausreichend frankierten Rückumschlag (DIN-A 5, gepolstert)

Sind die Unterlagen nicht vollständig oder entsprechen sie nicht den Vorgaben der Behörde, werden Sie wieder nach Hause geschickt.

Das Antragsformular DS-160 muss online auf der oben angegebenen Internetseite ausgefüllt werden. So gelangen diese direkt an die Botschaft. Die Formulare müssen darüber hinaus zusätzlich in Papierform den anderen Unterlagen beigefügt werden.

Das Passbild unterliegt strengen Regelungen (ähnlich denen für einen biometrischen Reisepass). Es empfiehlt sich, das Merkblatt mit den Daten auszudrucken und es beim Fotografen vorzulegen. Dieser weiß dann genau, welches Format er nehmen muss.

Fotobestimmungen

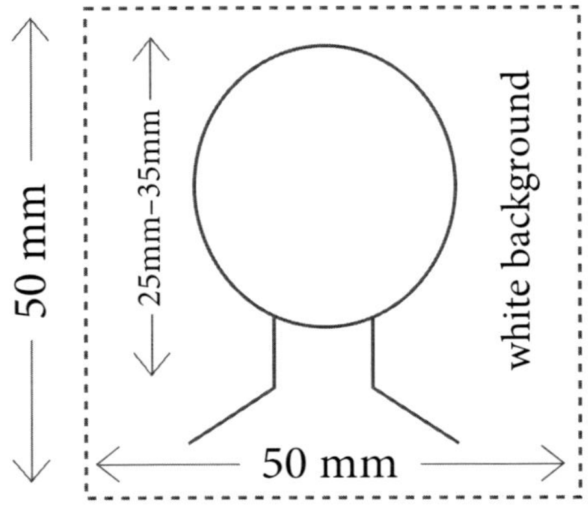

1. Das Foto darf nicht älter als sechs Monate sein
2. Es muss 5 × 5 cm groß sein
3. Der Kopf muss zwischen 2,5 und 3,5 cm groß sein, vertikal gemessen
4. Das Foto muss einen weißen Hintergrund haben
5. Es muss den Antragsteller in Vorderansicht zeigen, beide Ohren müssen sichtbar sein

Fotos mit folgenden Bestandteilen sind nicht zulässig:

- traditionelle Gesichtsmaske oder Kopfbedeckungen, bei denen man nur die Augen sieht
- Mütze bei militärischem, Flugzeug- oder anderem Personal
- Stammestrachten, Nationalkostüme oder Kopfbedeckungen, die nicht von der Religionszugehörigkeit vorgeschrieben sind

Visabearbeitungsgebühr Deutschland:

Die Gebühr von 136,- Euro (Stand 06.06.2012) wird über ein Onlinezahlungssystem bezahlt. Barzahlungen vor Ort oder Überweisungen direkt an die Botschaft sind nicht möglich. Die Zahlung der Visagebühr über dieses Onlineverfahren geht schnell und ist sicher. Die Online-Zahlungsbestätigung ist kostenfrei, wenn Sie eine E-Mail-Adresse angeben, an die der sichere digitale Visa-Einzahlungsnachweis geschickt werden kann.

In dringenden Fällen oder wenn:

- das Visa-Interview eines Antragstellers innerhalb von vier Werktagen stattfinden soll,
- Sie über keinen Internetzugang verfügen oder
- bei Zahlungen aus dem Ausland

ist es möglich, einen abgestempelten Überweisungsbeleg der Bank zusammen mit dem Visumsantrag einzureichen. Die zu zahlende Visa-Bearbeitungsgebühr ist dafür im Voraus auf das entsprechende Bankkonto zu überweisen. Eine Erstattung der Visagebühren bei Nicht-Inanspruchnahme oder zu viel gezahlten Gebühren ist nicht möglich.

Nur der Visa-Einzahlungsnachweis darf bei dem Interviewtermin als Zahlungsbeleg vorgelegt werden. Kontoauszüge oder Kopien von Zahlscheinen werden nicht akzeptiert!

Sicherheitshinweis für Antragsteller

Vor Betreten und während des Aufenthalts auf dem Botschaftsgelände müssen einige Sicherheitshinweise beachtet werden:

Alle Unterlagen dürfen nur in einer offenen, durchsichtigen Plastikmappe mitgebracht werden (zum Beispiel in einer einfachen Klarsichthülle). Unterlagen, die in verschlossenen oder undurchsichtigen Umschlägen oder Mappen transportiert werden, dürfen nicht mit in die Konsularabteilung gebracht werden.

Des Weiteren sind auf dem Botschaftsgelände keine elektronischen Geräte zugelassen (einschließlich Mobiltelefonen, PDAs, Laptops). Rucksäcke, Koffer, Aktenkoffer und Kinderwagen sind ebenfalls nicht erlaubt. Kleine Hand- oder Brieftaschen werden dagegen akzeptiert.

Das Sicherheitspersonal vor Ort kann keine Gegenstände aufbewahren. Das heißt, dass Sie alle Gegenstände im Hotel, im Auto, in einem Schließfach oder bei einer außerhalb wartenden Begleitung deponieren müssen.

Arbeitsvertrag

Der Arbeitsvertrag ist für Sie der legale Nachweis, bei der Reederei beschäftigt zu sein. In ihm sind alle Details festgehalten, die das Arbeitsverhältnis betreffen. Dieses Dokument erhalten Sie vom Arbeitgeber, und Sie benötigen es unter anderem zum Beantragen der Visa. Bei der Anreise zum Schiff müssen Sie ihn unbedingt im Handgepäck mitnehmen. Er berechtigt Sie zur Einreise in das Land, in dem Sie auf das Schiff gehen. Der Letter of Employment versichert den Behörden der Destination, dass Sie als Crew-Mitglied an Bord gehen und sich nicht länger im Land aufhalten werden. Meist sind die Arbeitsverträge in englischer Sprache verfasst, da die Reedereien ihren Sitz im (europäischen) Ausland haben oder aber weil Englisch fast immer die offizielle Sprache ist.

Seefahrtsbuch

Je nach Flagge des Schiffes kann es sein, das Sie ein Seefahrtsbuch benötigen. Es dient zur Legitimation des Seefahrers, jedoch stellt es seit dem 1. November 2007 kein Passersatzpapier mehr dar. Im Seefahrtsbuch werden neben Visaeinträgen auch An- und Abmusterungsdaten vermerkt. Zusammen mit der vom Seemannsamt beglaubigten Sozialversicherungsnummer dient es als Beleg für geleistete Sozialversicherungszeiten (zum Beispiel bei einem Vertrag an Bord eines Schiffes unter deutscher Flagge).

Je nach Art des Seefahrtsbuches, ob Deutschland, Bahamas oder andere Länder, kann das Seefahrtsbuch selber oder aber über die Reederei beantragt werden.

Sicherheitstraining / STCW 95

Alle Besatzungsmitglieder auf seefahrenden Schiffen müssen für ihre berufliche Bordtätigkeit zuvor mindestens an einer Sicherheitseinführungsausbildung gemäß dem Internationalen Übereinkommen vom 7. Juli 1978 über Normen für die Ausbildung, die Erteilung von Befähigungszeugnissen und Wachdienst von Seeleuten in der jeweils geltenden Fassung (**STCW-Übereinkommen**) teilgenommen haben.

Möglicherweise müssen Sie im Rahmen Ihrer Tätigkeit an Bord auch Pflichten im Bereich der Sicherheit oder auch der Vermeidung von Verschmutzung beim Betrieb des Schiffes übernehmen. In diesem Fall müssen Sie an einer anerkannten „Sicherheitsgrundausbildung und Unterweisung für Seeleute“ gemäß dem STCW-Übereinkommen teilgenommen haben.

Ihr zukünftiger Arbeitgeber wird Ihnen über die erforderliche Ausbildung und die vorzulegenden Zertifikate entsprechend Ihrer Bordfunktion genaue Informationen geben.

Es gibt einige Reedereien, die das Sicherheitstraining mit ihrer Besatzung direkt an Bord durchführen und keine vorherige Ausbildung verlangen. Das hierfür ausgestellte Zertifikat ist in diesem Fall nur für diese Reederei gültig.

Zum großen Teil müssen sowohl die Einführungsausbildung (safety familiarization training) als auch die Sicherheitsgrundausbildung (basic safety training) vor Ihrem Bordeinsatz an zugelassenen Ausbildungsstätten von Ihnen absolviert werden. Dort finden Sie kompetente Ausbilder, die Sie in Sicherheitsfragen optimal auf Ihre neue berufliche Herausforderung vorbereiten.

Am Aus- und Fortbildungszentrum Rostock GmbH (AFZ) wird Ihnen Wissen über elementare Sicherheitsangelegenheiten sowie über Symbole an Bord oder auch Alarm- und Warnsignale vermittelt.

In vielen praktischen Trainingseinheiten erhalten Sie Handlungsanleitungen zum Überleben auf See, zu Überlebenstechniken im Seenotfall oder auch bei der Entdeckung von Feuer und Rauch an Bord des Schiffes.

Darüber hinaus werden in Rostock in theoretischen und praktischen Unterrichtseinheiten weitere Themen behandelt:

- Sicherheits- und Warnsignale an Bord
- Signale für Feuer oder zum Verlassen des Schiffes
- Auffinden von Sammel- und Ausbootungsplätzen
- Auffinden und Anlegen von Rettungswesten und Rettungsanzügen
- Umgang mit Rettungsbooten und Rettungsinseln
- Handhabung von tragbaren Feuerlöschgeräten
- Handlungen bei medizinischen Notsituationen und Erste Hilfe an Bord
- Umgang mit Atemschutztechnik
- Brandbekämpfung unter Atemschutz im Brandübungscontainer
- Handhabung und Gebrauch von Pyrotechnik
- Crowd Management Training

In den Vormittagsstunden werden im Seminarraum theoretische Kenntnisse vermittelt und Grundlagen für die jeweils am Nachmittag stattfindenden Trainings auf dem Brandplatz, im Brandcontainer oder direkt im Hafenbecken des Rostocker Fischereihafens gelegt.

Hier üben Sie die Navigation mit dem geschlossenen Rettungsboot, den Sprung ins Wasser im Überlebensanzug, das „Person-über-Bord-Manöver" und sind natürlich auch Teil der großen Seeübung mit Rettungsinsel, Rettungsanzug und Hubschrauberrettungsschlinge.

Im Brandcontainer erwartet Sie bei angelegter Feuerwehrausrüstung zum Beispiel der Brand einer Koje, eines Herdes oder ein Flashover. Hierbei handelt es sich um die Durchzündung von brennbaren Rauchgasen in einem geschlossenen Brandraum.

Nach bestandenen praktischen Prüfungen absolvieren Sie einen Test, bei dem Ihr theoretisches Wissen überprüft wird. Die ausgehändigten Zertifikate müssen unbedingt im Original an Bord mitgeführt werden.

Alle weiteren Informationen zum Lehrgang und über Unterkunftsmöglichkeiten in Rostock erhalten Sie über:

AFZ Aus- und Fortbildungszentrum Rostock GmbH
Alter Hafen Süd 334
18069 Rostock
www.afz-rostock.de

Dauer:
40 Stunden, wöchentlich, Mo.–Do.

Richtpreis:
280,00 Euro

Ansprechpartner:
Herr Szancsik
Tel.: 0381 / 80 17 - 302
Fax: 0381 / 80 17 - 303
E-Mail: szancsik@afz-rostock.de
www.afz-rostock.de

Unterkunft

Im Rostocker Fischereihafen, in der Nähe des Ausbildungszentrums, können Sie auf einem Wohnschiff Quartier beziehen. Während des Sicherheitstrainings haben Sie hier die Möglichkeit, in einer Doppel- oder Einzelkabine preisgünstig zu übernachten.

Die Kosten für die Unterbringung und Verpflegung sind nicht in den Schulungskosten enthalten. An Bord können Sie abends eine warme Mahlzeit erhalten und dabei bereits zukünftige Crew-Mitglieder kennenlernen. Informationen über diese Unterkunft erhalten Sie gesondert nach der Anmeldung für das Sicherheitstraining von den Kollegen der Schifffahrtsschule am AFZ.

Weitere Trainingscenter:

Rügen
Privatschule für Navigation und Sicherheitslehrgänge
Brunnenaue 12
18551 Sagard
Tel: (03 83 02) 38 35
Mobil: (0171) 3 25 35 39
Fax: (03 83 02) 56 336
http://www.sos-schroeer.de

Hamburg
Fortbildungszentrum Hafen Hamburg e. V.
Köhlbranddeich 30
20457 Hamburg
Tel: (040) 756082-0
Fax: (040) 756082-20
E-Mail: info@fzh.de
http://www.ma-co.de

Elsfleth
Anmeldung und Informationen unter: http://www.marikom-elsfleth.de

Travemünde
Hans Hartke
Schleswig-Holsteinische Seemannsschule
Wiekstr. 3a
23570 Lübeck-Travemünde
Tel: (04502) 5152 0
Fax: (04502) 51 52 24
http://www.seemannsschule-priwall.de

Bilder vom Sicherheitstraining in Rostock

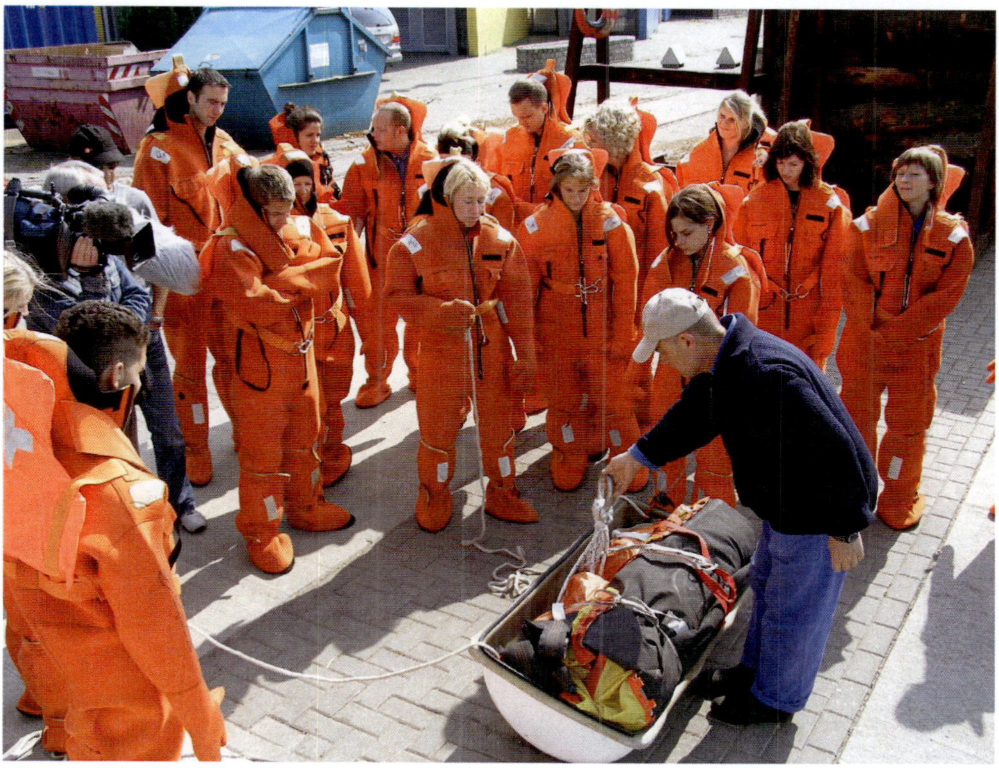

5.2 Koffer packen

Die zwei folgenden Checklisten sollen Ihnen einen Überblick darüber geben, welche Dinge eingepackt werden sollten. Besonders wichtig dabei ist, dass all Ihre Dokumente in das Handgepäck gelegt werden. Viele andere Utensilien können unterwegs oder im Crew-Shop nachgekauft werden. Zur Platz sparenden Lagerung der Koffer in der Kabine eignen sich Sporttaschen besser als Hartschalenkoffer.

Checkliste vor der Abreise

Wohnung
Ab-/Ummeldung
Wohnungsauflösung oder Untermieter suchen
Schlüsselübergabe an Vertrauensperson (Post)
Vermieter / Hausmeister informieren
Nachsendeauftrag einrichten

Kreditkarte / Konto
Auslandskonditionen prüfen
Kreditkarte beantragen
Konto eröffnen

Telefon
Telefontarife vergleichen

Auslandskrankenversicherung
Arbeitsvertrag prüfen und gegebenenfalls private Auslandskrankenversicherung abschließen
Krankenversicherung fragen, ob eine Erweiterung für das Ausland möglich ist

Steuern, Rente und Sozialversicherung
Steuerberater
Rentenversicherung
Sozialversicherung

Dokumente (Originale, keine Kopien)
Führungszeugnis
Reisepass
Arbeitsvertrag / Letter of Employment

Visa / Visaletter der Reederei – wenn benötigt
Seemannsbuch – wenn benötigt
Gesundheitszeugnisse – meist ein Vordruck der Reederei
Impfbuch (Gelbfieberimpfung) – wenn benötigt
Zertifikat STCW 95 – wenn benötigt

Handgepäck
Gültiger Reisepass mit C1/D-Visum und eventuell anderen Visa
Letter of Employment / Arbeitsvertrag
Gesundheitszeugnisse
Impfbuch
STCW-Sicherheitszertifikate
Seemannsbuch
Fluginformationen und Flugtickets
Mobiltelefon und Telefonnummern des Hafenagenten, der Reederei und Ihrer Agentur
Kreditkarte
Kosmetika, entsprechend den Luftsicherheitsvorschriften
Wichtige Medikamente

Koffer
Arbeitskleidung (weiße Hemden/Blusen, schwarze Hosen)
Strumpfhosen (dunkel / hell)
Mehrere Paar bequemer Arbeitsschuhe (schwarze und weiße)
Privatkleidung für wärmere und kühlere Tage (2–3 Outfits sind ausreichend)
Badekleidung und Badeschuhe, Sportkleidung und Turnschuhe
Kosmetika (je nach Fahrtgebiet können diese auf Landgängen nachgekauft werden)
Sonnenbrille, Sonnencreme
Ersatzbrille (ist bei Brillenträgern vorgeschrieben)
Ersatzkontaktlinsen und Kontaktlinsenflüssigkeit
Wecker
Föhn
Steckdosenadapter
MP3-Player oder Laptop
Fotoapparat

Infobox – die am häufigsten gestellten Fragen

1. Welche Kleidung soll und wie viel kann ich mitnehmen?

   Infos zur Berufsbekleidung finden Sie in der Sign on Information – grundsätzlich sollten Sie nicht mehr als 20 kg mitnehmen, es sei denn, Ihre Reederei hat Ihnen ein Seemannsticket gebucht, dann sind 30 und auch 40 kg möglich! Ansonsten sollten Sie bequeme Freizeitkleidung, Sportbekleidung und auch Badebekleidung mitnehmen, dazu Freizeitschuhe, Sportschuhe, Badeschuhe und mindestens 2–3 Paar gute Arbeitsschuhe.

2. Kann ich meinen Hausarzt für die medizinischen Untersuchungen heranziehen?

   Ja, können Sie. Am besten und schnellsten geht es, wenn Sie ein Ärztehaus mit verschiedenen Fachärzten aufsuchen, wo gegebenenfalls auch gleich Röntgenaufnahmen, Blutbilder u. Ä. gemacht werden können. Viele Vordrucke der medizinischen Untersuchungen sind auf Englisch, Ihr Arzt sollte sich damit ausreichend auskennen. Manche Reedereien schreiben Ärzte vor. Das kann versicherungstechnische Gründe haben, aber auch mit der Flagge des Schiffes zusammenhängen. Die Kosten für die Untersuchung variieren von 100,– € bis zu 400,– € oder mehr.

3. Wie bekomme ich mein Gehalt, und kann ich es auf mein Konto überweisen?

   Ihr Gehalt bekommen Sie meist an jedem 1. und 15. des Monats in bar ausgezahlt. Sie können es gegen eine Gebühr auf Ihr Konto zu Hause überweisen lassen oder es in einem Safe an Bord hinterlegen. Nähere Information dazu erhalten Sie auf dem Schiff. Informieren Sie sich bei Ihrer Bank über ein eventuelles Dollarkonto.

4. Muss ich Handtücher oder Bettwäsche mitnehmen?

   Nein, es wird alles an Bord gestellt und auch umsonst gereinigt.

5. Muss ich eine private Auslandskrankenversicherung abschließen?

   Sie sind während des kompletten Vertrages über die Reederei krankenversichert. Es obliegt Ihnen, ob Sie sich zusätzlich versichern möchten. Am besten sprechen Sie mit der Reederei, welche Fälle eventuell nicht abgesichert sind. Oft sind es Unfälle, die auf einem Landgang in der Freizeit passieren, die nicht zu 100 Prozent versichert sind.

6. Kann ich meinen Laptop mit an Bord nehmen?

   Ja, das können Sie auf jeden Fall. Ob es eine Internetverbindung gibt, die Sie nutzen können, ist schiffsabhängig.

7. Kann ich einen Fotoapparat oder eine Videokamera mit an Bord nehmen?

   Ja, das können Sie ohne Einschränkungen. Denken Sie an ausreichend Filme oder Videobänder. Man weiß nicht immer, ob und wann man in welchen Ländern das Richtige nachkaufen kann.

8. Bekomme ich meine Medikamente an Bord?

   Es kommt darauf an. Standardmedikamente (gegen Erkältung, Magenverstimmung, Durchfall etc.) erhalten Sie durch den Schiffsarzt. Brauchen Sie individuelle Medikamente (gegen Bluthochdruck, Allergien etc.), sollten Sie diese in für die ganze Vertragslänge ausreichender Menge mitbringen.

Unterlagen für den Einstieg

Die folgende Tabelle gibt Ihnen eine Übersicht darüber, welche Unterlagen bei einem Einsatz auf dem Fluss bzw. auf Hochsee benötigt werden **könnten**.

Auf dem Fluss	Auf Hochsee
– gültiger Reisepass (mind. 12 Mo gültig) – aktuelles polizeil. Führungszeugnis – Medical	– gültiger Reisepass (mind. 12 Mo gültig) – aktuelles polizeil. Führungszeugnis – Seediensttauglichkeit/ Medical – STCW95 (Basic Safety Training) – C1/D-Visa & Seemannsbuch – Gelbfieber Impfung

Generell wird nicht jedes Dokument oder Zertifikat von jeder Reederei vorausgesetzt.

6. Leben an Bord

Ein Kreuzfahrtschiff ist eine eigene kleine Welt. Klare Regeln und Gesetze fördern ein harmonisches Zusammenleben und gewährleisten einen geordneten Tagesablauf. Jede Reederei stellt dafür ihr eigenes Regelwerk auf. Dennoch sind einige generelle Regelungen überall wiederzufinden. Ein kleiner Einblick in den Alltag an Bord bietet das folgende Kapitel.

6.1 Erster Tag an Bord

Die ersten Schritte an Bord sind etwas Besonderes. Sie betreten eine vollkommen neue Welt, die zeitgleich Ihr Zuhause und Ihren Arbeitsplatz darstellt. Dabei ist es von großem Vorteil, sich zügig an diese unbekannte Umgebung zu gewöhnen und die wichtigsten Wege zu kennen.

Direkt nach dem Eintreffen auf dem Schiff werden Sie in der Regel von Ihrem Vorgesetzten oder dem Crew Purser in Empfang genommen, und es steht die Erledigung der Formalitäten an. Diverse Formulare müssen ausgefüllt werden. Dokumente wie zum Beispiel Ihr Reisepass und notwendige Zertifikate sind bei der Ankunft beim Crew Purser abzugeben. Im Gegenzug erhalten Sie eine ID-Card (Bordkarte), Ihren Kabinenschlüssel und erste nützliche Informationen zum Leben an Bord. In der Regel bekommt jeder Neuankömmling einen erfahrenen Kollegen an die Seite, der ihm den Arbeitsplatz zeigt und ihn einarbeitet. Ihnen muss bewusst sein, dass Ihr Anreisetag bereits Ihr erster Arbeitstag ist.

Nach dem Erhalt Ihrer Uniform und dem Bezug Ihrer Kabine sowie ggf. der ersten Begegnung mit Ihrem Mitbewohner ist es meist auch schon Zeit für die erste Sicherheitseinweisung. Mit der Vorstellung der neuen Kollegen beginnt die Arbeit. Es gibt keine langen theoretischen Einweisungen in Ihre Tätigkeit. Sie werden direkt eingesetzt – so lernen Sie am schnellsten das Arbeitsumfeld kennen und werden umgehend in das Schiffsleben integriert.

Dieser erste Tag wird sehr turbulent auf Sie wirken und scheint nie enden zu wollen, aber fürchten Sie sich nicht: Jeder um Sie herum hat sich vor Ihnen in derselben Situation befunden und wird wissen, wie mulmig Ihnen zumute ist. Seien Sie einfach freundlich und offen und scheuen Sie nicht zu fragen, wenn Sie sich bei etwas unsicher sind, auch wenn es Ihnen bereits erklärt wurde. Es prasselt sehr viel auf Sie ein. Da ist es ganz natürlich, dass Sie sich nicht alles auf Anhieb merken können.

6.2 Crewleben

Die Gäste verbringen ihren Urlaub an Bord. Sie möchten sich erholen und eine angenehme Atmosphäre genießen. Bis auf wenige klar definierte Ausnahmen dürfen sich Crew-Mitglieder nur zum Arbeiten und in Uniform im Gästebereich aufhalten. Ebenso hat die Crew ihren eigenen Bereich, zu dem den Passagieren der Zutritt nicht gestattet ist. Einrichtungen für die Crew stehen in ausreichendem Maße zur Verfügung. Es gibt Aufenthaltsräume mit Tischfußball, Darts, Büchern, DVDs, einen Fitnessraum, Sonnendecks, Crew-Shops, Crew-Bars und vieles mehr. Große Schiffe bieten sogar einen eigenen Crew-Pool.

Der wichtigste Ort für die Besatzung auf jedem Schiff ist die Messe, also der Speisesaal. Üblicherweise wird unterschieden zwischen Crewmesse und Offiziersmesse. Je nach Größe des Schiffes existieren weitere Unterteilungen der Speisesäle, zum Beispiel eine Staffmesse. Theoretisch gibt es festgelegte Essenszeiten. Da es jedoch allerhand Schichtarbeiter an Bord gibt, werden Sie in der Messe 24 Stunden am Tag und sieben Tage die Woche ausreichend Verpflegung bekommen. Natürlich sind die Geschmäcke der Crew bei so vielen Nationalitäten unterschiedlich. Die Bordküche versucht stets, das Angebot so breit wie möglich zu gestalten und auf alle Vorlieben und auch religiöse Vorschriften einzugehen. Auch für Vegetarier ist stets etwas vorbereitet.

Für alle Anliegen außerhalb Ihrer beruflichen Tätigkeit steht Ihnen der Crew Purser zur Seite. Sein Büro hat in der Regel feste Öffnungszeiten. Die Crew-Mitglieder können sich an ihn wenden, wenn zum Beispiel die Bordkarte nicht mehr funktioniert, etwas mit der Kabine nicht stimmt, Post verschickt werden oder auch Geld abgehoben werden soll. Außerdem liegen zahlreiche Vordrucke in seinem Büro aus, zum Beispiel für Besucher- oder Mitreiseanträge. Neben all dem ist der Crew Purser auch für die An- und Abreise der gesamten Besatzung zuständig, zusätzlich für Flüge, Visa etc.

Infobox

Lebensmittelverbrauch auf einer zehntägigen Kreuzfahrt

1.250 Passagiere und 500 Mann Besatzung

1.000 Kopf Salat
1.300 Pasta-Salate
1.300 kg Tomaten
900 kg Bananen
1.100 Melonen
2.000 Flaschen Ketchup
3.000 Hamburger
5.000 Hühner
48.000 Eier
1.200 kg Speck
1.000 kg frischer Fisch
2.000 l Milch
500 kg Rindfleisch
1.100 kg Roastbeef
7.000 kg Kartoffeln
13.000 Flaschen Bier
2.500 Flaschen Wein
1.000 Flaschen Spirituosen
4.000 l Fruchtsaft

28 Eier pro Woche pro Person
200 g Fett pro Tag pro Person

Kabine

Für die Besatzung stehen an Bord verschiedene Kabinentypen zur Verfügung. Die Zuteilung erfolgt durch den Crew Purser. Welche Kabine Sie erhalten, hängt von vielerlei Faktoren ab. Entscheidungsmerkmal ist häufig der Arbeitsplatz und Ihre betriebliche Stellung.

Offiziere und Abteilungsleiter sowie Künstler oder Lektoren haben oftmals Einzelkabinen. Zur Verfügung gestellt wird für diese Kabinen zusätzlich ein Kabinenservice, der die Kabinen täglich säubert und die Reinigung der Uniformen organisiert. Alle anderen Crew-Mitglieder müssen sich ihren Schlafraum überwiegend mit Kollegen teilen. Auf neueren Schiffen gibt es fast nur noch Zweibettkabinen.

Beispiel einer Crewkabine – Flusskreuzfahrtschiff

Bei der Zusammenstellung der Bewohner wird auf Geschlechtertrennung und oft auch auf Abteilungszugehörigkeit geachtet. Eigenmächtiges Tauschen von Kabinen ist auf keinem Schiff erlaubt. In Ausnahmefällen lassen sich jedoch nach Rücksprache mit dem Crew Purser besondere Wünsche zum Kabinennachbarn erfüllen.

Jede Kabine ist mit einem eigenen Bad ausgestattet. Auf einigen älteren Schiffen kann es vorkommen, dass es in den Kabinen keine separate Nasszelle gibt. Duschkabinen befinden sich dann entlang des Ganges und werden von mehreren Crew-Mitgliedern genutzt.

Die Kabinen sind mit Telefon und Fernseher ausgestattet. Teilweise sind DVD-Player vorhanden, oder es können Filme aus einer Mediathek geliehen werden. Bettwäsche und Handtücher werden zur Verfügung gestellt und einmal wöchentlich gewechselt. Bei einigen Reedereien säubert ein Kollege vom Housekeeping einmal in der Woche auch die Crew-Kabinen. Ein kleines Trinkgeld ist hier natürlich gern gesehen.

Grundsätzlich sind die Kabinen sehr klein und spartanisch eingerichtet, dafür aber äußerst praktisch gehalten. Nur selten gibt es ein Fenster oder ein Bullauge. Da Sie sich in Ihrer Kabine aber hauptsächlich zum Duschen und Schlafen aufhalten, werden Sie sich schnell an Ihr kleines, aber feines Reich gewöhnen.

Wenn Sie Ihre Kabine mit einem Kollegen teilen, werden Sie von diesem eine gewisse Sauberkeit und Ordnung erwarten. Damit sich jeder wohl fühlt, sollten Sie sich ebenfalls an einige Regeln halten. Das Lagern und der Verzehr von Lebensmitteln in der Kabine sind ohnehin untersagt. Ausschließlich abgepackte Süßigkeiten sind erlaubt. Es wird stets erwartet, dass die Crew-Kabinen in einem sauberen und ordentlichen Zustand sind. Dies wird regelmäßig kontrolliert. Jeder ist selbst für die Sauberkeit seiner Kabine verantwortlich. Sollte es zu Verstößen kommen, können Auflagen erteilt werden.

Kabinenmitbewohner haben oft jeweils unterschiedliche Arbeitszeiten. Gegenseitiger Respekt und Rücksichtnahme werden erwartet. Sehr häufig ist es der Fall, dass die Mitbewohner zu guten Freunden werden.

Reinigung der Kleidung

Als Crew-Mitglied werden Sie an Bord überwiegend eine Uniform tragen. Diese wird vom Arbeitgeber gestellt, und Sie können sie zur Reinigung kostenfrei in der Wäscherei abgeben. Für Änderungen oder falls etwas nicht mehr getragen werden kann, stehen Ihnen die Dienste des Tailors (Schneiders) zur Verfügung.

Für die Reinigung von privater Kleidung gibt es von Arbeitgeber zu Arbeitgeber verschiedene Verfahrensweisen. Oft stehen Waschmaschinen, Trockner und Bügeleisen gegen einen kleinen Betrag oder auch unentgeltlich zur Verfügung oder die private Kleidung wird ebenfalls in der Wäscherei abgegeben und dort zu einem reduzierten Crew-Preis gewaschen.

Kontakt nach Hause

Die Möglichkeit eines regelmäßigen Kontakts nach Hause wird auf vielerlei Weise bereitgestellt. In der Regel stehen der Crew an Bord Internetplätze zur Verfügung. Die Zeit der Nutzung wird über die jeweilige Bordkarte abgerechnet. Auf den neueren Schiffen ist in der Regel ein Wireless-Lan-Netzwerk vorhanden, in das sich die Besatzung mit dem eigenen Laptop einwählen kann. Auch hier laufen die Kosten über die Bordkarte.

Selbstverständlich können Sie Ihre Lieben daheim auch anrufen. Die Kosten für Telefongespräche sind häufig vergleichsweise hoch, da sie über Satellitenverbindungen zustande kommen. Manche Reedereien bieten allerdings besondere Telefonkarten an, mit denen das Telefonieren von Bord aus erheblich günstiger wird.

Je nach Fahrtroute ist es unter Umständen sinnvoll, sich vorab bei einem Mobilfunkanbieter über günstige Alternativen für Auslandsverbindungen zu erkundigen. Zudem lassen sich üblicherweise in jedem Hafen Telefonkarten für Telefonzellen kaufen, und es gibt in vielen Orten so genannte Call-Shops. Dort geführte Telefonate werden minutengenau abgerechnet.

Um selbst erreichbar zu sein, erhalten Sie von Ihrem Arbeitgeber vor dem Einstieg oder spätestens, wenn Sie an Bord angekommen sind, alle nötigen Schiffskontaktdaten. Dazu gehören die bordeigene Telefonnummer, ggf. die E-Mail-Adresse und die Postanschrift. Beachten Sie jedoch bitte, dass auch die Telefongespräche vom Land zum Schiff über eine Satellitenverbindung geführt werden. Dies lässt die Kosten schnell enorm in die Höhe schießen.

Sich Briefe und Päckchen schicken zu lassen ist kein Problem. Bezüglich der Größe der Sendung kann es allerdings Beschränkungen geben, die von den Reedereien festgelegt werden. Es ist auch zu beachten, dass die Post wesentlich länger braucht als auf dem Landweg. Die Postadresse des Schiffes ist häufig an einem Hafen auf der Route, der nicht täglich angelaufen wird, oder aber die Briefe werden im Büro der Reederei gelagert und dann gesammelt zu einem bestimmten Hafen geliefert. Bei solchen Umwegen kann es insgesamt bis zu drei Wochen dauern, bis Post Sie erreicht.

Freizeit

Ihre Freizeitgestaltung an Bord lässt sich nicht mit dem vergleichen, was Sie vom Landleben kennen. Häufig erfahren Sie erst am Vortag, wann Sie am nächsten Arbeitstag ein paar freie Stunden genießen können, und dann sind Ihre Unternehmungsmöglichkeiten auch noch sehr beschränkt, oder Sie dürfen das Schiff nicht einmal verlassen, weil Sie zur

In-Port-Manning-Gruppe (IPM) gehören. So gilt: Machen Sie aus Ihrer knappen Freizeit stets das Beste. Nutzen Sie die Stunden, um auszuspannen oder Schlaf nachzuholen, oder legen Sie sich auf das Crew-Deck, um ein wenig Sonne zu tanken. Des Weiteren gibt es zahlreiche Beschäftigungsmöglichkeiten, die für die Besatzung geschaffen wurden.

IPM-Gruppen sind eine Sicherheitsmaßnahme, die garantieren soll, dass immer eine bestimmte Anzahl der Besatzungsmitglieder auf dem Schiff ist und bei Notfällen somit alles Notwendige in die Wege geleitet werden kann. Es ist ein rotierendes System, meist nach A, B, C und D unterteilt, und die Personen der an dem Tag eingeteilten Gruppe dürfen das Schiff keinesfalls verlassen.

Wenn Sie jedoch gerade nicht zur IPM-Gruppe gehören und auch keine sonstigen Sicherheitsübungen für Sie auf dem Plan stehen, können Sie in Ihrer Freizeit selbstverständlich einen Landgang machen und die Umgebung erkunden. Für die Besatzung gelten vor dem Verlassen des Hafens andere Rückkehrzeiten als für die Passagiere. Letztere müssen meist erst eine halbe Stunde vor Auslaufen des Schiffes an Bord sein, die Crew bereits eine Stunde. Die Landgänge können zu den schönsten Erlebnissen Ihrer Zeit an Bord werden.

In der Regel gilt die Bordkarte als Ausweispapier. Bei Verlassen des Schiffs werden über diese Karte die Ausstiegs- sowie die Rückkehrzeit gespeichert und kontrolliert. Fehlt ein Mitarbeiter vor Verlassen des Hafens, wird dieser Umstand automatisch durch das System aufgedeckt.

Kosten an Bord

Wer auf einem Kreuzfahrtschiff lebt und arbeitet, hat relativ wenig feste Ausgaben. Die Unterkunft wird gestellt, und für das leibliche Wohl ist gesorgt.

Natürlich gibt es aber sowohl an Bord wie bei den Landgängen genügend Gelegenheiten, den Arbeitslohn auszugeben. Im Crew-Shop, oder auf manchen Schiffen sogar in den öffentlichen Boutiquen, können Sie je nach Reederei all die Dinge kaufen, die für den täglichen Gebrauch benötigt werden – von der Zahnbürste über die Speicherkarte bis hin zu Schmuck und Bekleidung. Die Preise für Waren für den Alltagsbedarf sind meistens sehr moderat, und alles andere wird auf See sogar zollfrei angeboten. Meist lohnt sich für Pflegeprodukte aber eher der Gang in einen örtlichen Supermarkt. Zudem werden Sie natürlich dem Shoppen in den verschiedenen Ländern frönen und sich zahlreiche Andenken und Mitbringsel gönnen.

In der Crew-Bar können Sie nach Feierabend zu sehr fairen Preisen noch etwas trinken. Gibt es einen Fotografen an Bord, entwickelt dieser gegen eine Gebühr Fotos oder erstellt auf Wunsch Foto-CDs. Und auch das Wellnessangebot wird für Crew-Mitglieder zu ermäßigten Preisen angeboten.

Persönliches

Neben der körperlichen Belastung gilt es auch die psychische Belastung an Bord nicht auf die leichte Schulter zu nehmen. Sie arbeiten Tausende Kilometer entfernt von zu Hause, teilen Ihre Kabine und leben also mit einer Ihnen anfänglich fremden Person, die eventuell nicht Ihre Sprache spricht und andere Bräuche und Sitten pflegt, auf engstem Raum zusammen. Dazu kommen die außergewöhnlichen Arbeitsbedingungen. Sie gehen nach Feierabend nicht nach Hause, Sie bleiben und haben in Ihrer Freizeit die gleichen Menschen um sich, mit denen Sie auch schon den Arbeitsalltag teilen. All dies klingt einerseits interessant und spannend, es kann aber auch zu Missverständnissen und Frustration führen.

Generelle Aufgeschlossenheit und Toleranz gegenüber anderen Kulturen und deren Bräuchen ist eine Grundvoraussetzung für das Miteinander an Bord. Nicht selten arbeiten auf einem Kreuzfahrtschiff Menschen aus bis zu 60 und mehr verschiedenen Nationen. Das erfordert Kontaktfreudigkeit und Unvoreingenommenheit. Psychisch belastend kann auch die Tatsache sein, dass Sie über Monate hinweg sieben Tage die Woche unter Dauerstrom stehen und nur begrenzt Freizeit haben. Die eingeschränkte Privatsphäre kann sich außerdem negativ auf Ihr Befinden auswirken. Kurz: Nicht jeder Mensch ist für das Bordleben geboren.

Heimweh

Das Leben an Bord ist facettenreich und bietet unzählige Entdeckungsmöglichkeiten. Es ist eine einmalige Gelegenheit, die Welt zu sehen und für das Leben zu lernen. Wenn Sie dem Abenteuer offen gegenübertreten, lassen sich zahlreiche neue Erfahrungen und Eindrücke sammeln. An einem Ort so viele unterschiedliche Menschen und auch neue Kulturen kennenzulernen und Freundschaften zu schließen, ist so sonst nicht möglich.

Trotz aller Vorzüge kann es dennoch vorkommen, dass Sie unter Heimweh leiden. Allzu ungewöhnlich ist das nicht. Es sind nicht nur die stillen Momente, die für Trübsinn sorgen. Gerade in stressigen oder frustrierenden Situationen fehlt oftmals eine altvertraute Person, die Ihnen Trost spendet. Vertrauen Sie sich Ihren Kollegen an. Sie werden schnell merken, zu wem sich eine wahre Freundschaft entwickeln kann und mit wem Sie wohl weniger auf einer Wellenlänge liegen. An Bord entstehen durch den intensiven Umgang miteinander schneller enge und verlässliche Freundschaften, als Sie es von Landseite her kennen.

Neben dem persönlichen Kontakt mit Ihren Kollegen helfen natürlich mitgebrachte Fotos, DVDs und andere Erinnerungsstücke über die Sehnsucht nach der Heimat hinweg. Fotos dürfen auf den meisten Schiffen mittels Magnet oder Klebestreifen an der Kabinenwand angebracht werden. Mit der Zeit sammeln sich zudem einige Souvenirs an. Diese können Sie ebenfalls zur Dekoration der Kabine nutzen. Schöne Erlebnisse während der Reise lenken außerdem von eventuellem Kummer ab.

Zwischenmenschliche Beziehungen

Natürlich entstehen zwischen den einzelnen Besatzungsmitgliedern nicht nur Freundschaften, sondern auch Partnerschaften. An Bord gelten jedoch andere Bedingungen als an Land. In der Regel bewohnen die Frischverliebten nicht auf Anhieb dieselbe Kabine, und es muss natürlich Rücksicht auf die Mitbewohner genommen werden. Um ein paar ungestörte Stunden miteinander verbringen zu können, müssen Absprachen getroffen werden, und die jeweiligen Mitbewohner müssen Ihre Liebesbeziehung auch dulden. Sie dürfen nicht vergessen, dass Sie schließlich nicht alleine in Ihrer Kabine leben.

Auch wird von Ihnen erwartet, Ihr Liebesglück gegenüber den Gästen nicht zur Schau zu stellen. Verhalten Sie sich in der Öffentlichkeit diskret und leben Sie Ihre Beziehung ausschließlich im Crew-Bereich aus oder wenn Sie in Ihrer Freizeit an Land sind.

Bei dem regen Besatzungswechsel können Beziehungen genauso schnell enden, wie sie begonnen haben. Nach der gemeinsam verbrachten Zeit an Bord gehen Partner oft schweren Herzens getrennte Wege, und Sie werden sehen, wann und ob Sie sich wiedersehen. Nur die wenigsten Freundschaften und Beziehungen überleben diese getrennten Phasen.

Dennoch, diese Schwierigkeiten sollten nicht bereits im Vorfeld eine schöne gemeinsame Zeit verhindern. Auch auf Kreuzfahrtschiffen hat so manch einer die große Liebe gefunden.

Liebesbeziehungen zwischen Personen unterschiedlicher Kulturkreise sind zusätzlichen Problemen ausgeliefert. Hier ist daher ein wenig Fingerspitzengefühl gefragt, um niemanden ungewollt vor den Kopf zu stoßen oder zu verletzen.

Weitere Eindrücke des Crew-Alltags an Bord und an Land

Exkursion in der Antarktis

Nach dem Beach-Barbecue

Arbeiten in der Küche

Lagerraum

Außenbar SeaDream

Salon der SeaDream

Buffet in der „Crew Mess"

„Golf" spielen an Bord

Einkaufspassage auf der Freedom of the Seas

Rettungsübungen unter echten Bedingungen

Unterwegs in Cartagena, Kolumbien

Vorbereitung für das Dinner

Stürmische See

Sektempfang am Strand

Berühmtes Ausflugsziel

Animation am Pool

Südseefeeling

6.3 Interkulturelle Arbeitsbedingungen

Auf einem Schiff gehört das Aufeinandertreffen von zahlreichen verschiedenen Nationalitäten zum Alltag. Es kommen Menschen zusammen, die unterschiedlicher nicht sein könnten. Sie stammen aus grundverschiedenen Ländern, sprechen nicht die gleiche Sprache und bringen vielfältige Traditionen und Gewohnheiten mit sich. Diese Tatsache erfordert ein gewisses Fingerspitzengefühl im Umgang mit seinen Mitmenschen. Gegenseitige Wertschätzung unter den Kollegen ist daher von hoher Bedeutung. Oftmals ist es dafür so notwendig wie hilfreich, Kompromisse einzugehen.

Das Thema Religion spielt hierbei eine besondere Rolle. Verschiedene Glaubensrichtungen erfordern unterschiedliche Rituale. So kann es für einige Kollegen verboten sein, Schweinefleisch zu essen. Andere wiederum beten vor den Mahlzeiten oder ziehen sich ihre Schuhe aus, bevor sie eine Kabine betreten. Das muss respektiert werden!

Diese Vielfalt sollten Sie als Chance begreifen, andere Kulturen näher kennenzulernen. Kaum etwas ist interessanter als der freundliche Umgang und Austausch von Menschen vieler verschiedener Nationalitäten miteinander. Ein allgemein höflicher Umgangston unterstützt ein gutes Zusammenleben und den Spaß bei der Arbeit.

Sollten dennoch Konflikte auftreten, müssen Sie diese Probleme frühzeitig ansprechen. Nur so können Fehler korrigiert und Missverständnisse aus der Welt geräumt werden. Im Bedarfsfall können der Vorgesetzte oder der Crew Purser angesprochen werden. Bevor Probleme eskalieren, sollte Sie von dieser Hilfe unbedingt Gebrauch machen.

6.4 Sicherheit

Sicherheit hat oberste Priorität an Bord eines jeden Schiffes. Jedes Crew-Mitglied bekommt mit seinem Aufstieg eine „Manning Number" (Besatzungsnummer) zugeteilt, die Aufschluss über die Aufgaben gibt, die bei einem Notfall vom entsprechenden Besatzungsmitglied auszuführen sind. Auf der „Muster List" (Sicherheitsrolle) lässt sich Ihre persönliche Funktion an Bord zusätzlich nachlesen. Sie hängt an verschiedenen Stellen im Crew-Bereich aus. Diese Aufgaben werden regelmäßig bei den so genannten Drills trainiert. Zusätzlich findet zu Beginn einer jeden Reise innerhalb der ersten 24 Stunden ein Probegeneralalarm für die Besatzung und alle Gäste statt – jeder muss sich daran beteiligen. Durch die regelmäßigen Übungen werden Sie sich die wichtigsten Verantwortlichkeiten schnell einprägen. Für Fragen stehen außerdem der Sicherheitsbeauftragte und die Vorgesetzten immer zur Verfügung.

Im Notfall werden Alarmsignale per Lautsprecherdurchsage verkündet. Diesen Anweisungen des Kapitäns ist unbedingt Folge zu leisten. Die wichtigsten Notfälle werden im Folgenden aufgelistet, wobei es bei den tatsächlichen Signalen selbstverständlich auch hier zu Abweichungen kommen kann:

- Generalalarm (Pfeifton 7 x kurz, 1 x lang)
- Feuer (Foxtrott Foxtrott)
- Person über Bord (Bravo Bravo)
- Medizinischer Notfall (Mike Mike)
- Bombenalarm (99–99)
- Verlassen des Schiffes (durchgehender Pfeifton)

Um im Falle einer Notsituation nicht umgehend die Aufmerksamkeit der Passagiere zu erregen, werden als Alarmsignale Codewörter benutzt. Ertönt eines der entsprechenden Signale, übernehmen die jeweils zugeordneten Gruppen ihre Aufgaben. Nicht jede Gruppe muss demnach bei jedem Alarm aktiv werden. Für die nicht betroffenen Gruppen geht die Arbeit erst einmal wie gewohnt weiter.

Für jeden Passagier und jedes Crew-Mitglied steht eine eigene Rettungsweste zur Verfügung. Diese sind Bestandteil der Kabine, bei deren Unzugänglichkeit aber auch an anderer Stelle zu erhalten. Außerdem ist jeder Person an Bord ein Platz in einem Rettungsboot oder in einer Rettungsinsel zugeordnet. Alle Rettungsmittel verfügen über ausreichend Reserveplätze, so dass es im Notfall keine Engpässe geben wird und jeder sich in Sicherheit fühlen kann.

Rauchen, Alkohol, Drogen und Waffen

Zum Thema Sicherheit gehören vor allem auch die Regelungen rund um das Rauchen an Bord. Jede Reederei wird hierfür ihre eigenen Regeln aufstellen. Es wird grundsätzlich festgelegt, an welchen Orten geraucht werden darf. In der Kabine ist das Rauchen prinzipiell verboten. In der Crew-Bar oder auf dem Crew-Deck ist es üblicherweise erlaubt. Alle Bereiche, in denen geraucht werden darf, sind deutlich als „Smoking Area“ ausgewiesen, so dass es zu keinerlei Missverständnissen kommen kann. In jedem Fall ist unbedingt darauf zu achten, dass Zigarettenreste niemals über Bord geworfen werden. Dies würde eine zu große Gefahr für die Sicherheit darstellen. Der Wind kann die heiße Asche auf einen Balkon wehen und auf diese Weise einen Brand auslösen. Verstöße werden scharf geahndet.

Ein weiteres Thema mit Konfliktpotential ist der Alkoholkonsum. Während der Dienstzeit ist der Genuss von Alkohol strengstens untersagt. In Ihrer Freizeit dürfen Sie natürlich etwas trinken. Hierbei ist allerdings zu beachten, dass Sie zu jeder Tages- und Nachtzeit voll einsatzfähig sein müssen und zudem zu Dienstbeginn kein Alkohol mehr in Ihrem Blut nachgewiesen werden darf. Auf allen Schiffen werden unangekündigte Alkoholtests durchgeführt. Sollten Sie bei einem solchen Test positiv auffallen und eventuell nicht zum Dienst erschienen sein, kann dies zu einer fristlosen Kündigung führen. Eine solche unehrenhafte Entlassung ist leider keine Seltenheit an Bord.

Drogen und Waffen jeglicher Art sind strikt verboten. Bei Missachtung dieser Regel folgt die fristlose Kündigung. Auch Drogentests werden von Zeit zu Zeit unangekündigt durchgeführt, und positive Ergebnisse sind durch nichts zu entschuldigen.

Selbstverständlich werden auch Gewalt und kriminelle Handlungen keinesfalls geduldet und führen ebenfalls zur sofortigen unehrenhaften Entlassung.

6.5 Krankheit

Zu den häufigsten Krankheiten an Bord gehört die Seekrankheit. Viele Menschen reagieren gar nicht auf Seegang, andere jedoch sehr stark. Dagegen gibt es Medikamente, die schnell und zuverlässig wirken. Sie werden an Bord kostenlos zur Verfügung gestellt. Die Stärke der Beschwerden hängt mit der Größe des Schiffes zusammen. Auf großen Schiffen ist der Seegang deutlich weniger zu spüren als auf den kleineren. Grundsätzlich ist die Seekrankheit kein Grund, der Arbeit fernzubleiben, und mit der Zeit gewöhnt sich auch ein empfindlicher Körper an die Schiffsbewegungen.

Für alle Krankheiten gilt:

Wenn Sie morgens aufwachen, sich krank und nicht arbeitsfähig fühlen, ist umgehend Ihr Vorgesetzter zu informieren. Danach erfolgt der Gang zum Bordarzt. Dieser entscheidet über weitere Maßnahmen. Untersuchungen und auch Medikamente an Bord oder an Land sind für die Crew immer kostenfrei. Können Untersuchungen an Bord nicht durchgeführt werden, wird sich die Reederei um einen Termin bei einem geeigneten Arzt im nächsten Hafen kümmern. Sollten Sie für längere Zeit arbeitsunfähig sein, müssen Sie damit rechnen, nach Hause geschickt zu werden. Jede Arbeitskraft an Bord wird benötigt. Für den Krankheitsfall muss Ersatz beschafft werden. Zudem kann man sich von einer schweren Krankheit an Bord nicht so gut erholen.

Bei Arbeitsunfällen entscheidet der Schiffsarzt ebenfalls je nach Situation. Auch hier kann es sein, dass ein Transport nach Hause unumgänglich ist. Für diesen Fall sind Sie jedoch bei jeder Reederei versichert. Diese übernimmt neben den Kosten für den Heimflug auch die Behandlungskosten des Krankenhauses, bis Sie vollständig genesen sind.

6.6 Hygiene

Ein Kreuzfahrtschiff ist ein begrenzter und isolierter Raum. Ein Grippevirus oder ein Magen-Darm-Infekt können sich sehr schnell ausbreiten. Dadurch besteht eine erhöhte Ansteckungsgefahr. An Land lässt sich das Risiko einer Krankheitsübertragung mindern, indem belebte Plätze gemieden werden. Diese Ausweichmöglichkeit gibt es auf einem Kreuzfahrtschiff nicht. Als zusätzliche Überträger von Viren und Keimen kommen die Klimaanlagen hinzu.

Die Entstehung von Keimen ist daher nach Möglichkeit bereits im Vorfeld zu vermeiden. Hilfreich sind in diesem Zusammenhang Hinweisschilder, die der Besatzung als Erinnerungsstütze dienen. Schilder mit der Aufschrift „Wash hands often!" werden Sie im Personalbereich häufig finden.

Im Bereich der Hygiene sind vor allem die Abkürzungen USPH und HACCP von Bedeutung. Mitarbeiter, die bei ihrer Arbeit in Kontakt mit Lebensmitteln kommen, müssen sich an ein festes Regelwerk halten. Die Kurzbezeichnung USPH steht für „United States Public Health". USPH-Regeln kommen grundsätzlich dann zum Tragen, wenn ein Schiff nordamerikanische Gewässer befährt oder von einer amerikanischen Reederei betrieben wird. Mitarbeiter der zuständigen Behörde sind befugt, zu jeder Zeit an Bord des Schiffes zu kommen und die Einhaltung der Regeln zu kontrollieren. Bei ihren Kontrollen untersuchen sie das Frischwasser, die Speisenzubereitung und -lagerung, potenzielle Lebensmittelverunreinigungen sowie die allgemeine Sauberkeit und Instandhaltung des Schiffes.

Die zahlreichen USPH-Vorgaben können folgendermaßen zusammengefasst werden:

- Regelmäßig Hände waschen
- In der Küche, an der Bar etc. nur mit Einmalhandschuhen arbeiten
- Handschuhe nur für eine Arbeitsaufgabe verwenden und danach entsorgen
- „Sauber zu sauber" und „schmutzig zu schmutzig"
- Das Naschen von Tellern, Tabletts und Ähnlichem ist verboten!
- Das richtige Lagern und Kühlen der Lebensmittel

HACCP steht für „Hazard Analysis and Critical Control Points". Dies ist eine Methode, die nicht nur in der Seefahrt Anwendung findet, sondern eher ein landseitiger Standard ist. Auf die Einhaltung dieser Regeln wird in allen lebensmittelverarbeitenden Betrieben geachtet. Ziel ist es, alle Arbeitsabläufe in einem Unternehmen zu erkennen, die eine potenzielle Gefahr für die Sauberkeit und Frische der Lebensmittel darstellen. Nur so können entsprechende Gegenmaßnahmen eingeleitet werden.

6.7 Probezeit und Kündigung

Auch an Bord eines Kreuzfahrtschiffes – egal ob Hochsee oder Fluss – gibt es einen Arbeitsvertrag, der klar das Thema Probezeit und Kündigungszeit regelt.

Die Probezeit ist in der Regel 30 bis 90 Tage lang und kann mit einer Frist von sieben Tagen beidseitig beendet werden.

Nach erfolgreicher Beendigung der Probezeit beträgt die Kündigungsfrist 14 bis 30 Tage. Kündigt das Crew-Mitglied und werden die Kündigungszeiten eingehalten, muss es nur für die eigene Heimreise sorgen bzw. auch zahlen. Wird die Kündigungszeit nicht eingehalten und steigt ein Mitglied also „von heute auf morgen" aus, ohne dass ein schwerwiegender Grund wie zum Beispiel der Tod eines nächsten Angehörigen vorliegt, muss oft auch für die Anreise der Ersatzperson eine Pauschale gezahlt werden.

Weiterhin sollten Sie bedenken, dass bei vorzeitiger Vertragsauflösung eventuelle Reisekosten, Kautionen etc. nicht erstattet werden, und auch ein „End of Contract-Bonus" oder sonstige Bonuszahlungen entfallen, da diese in der Regel nur bei Vertragserfüllung erstattet bzw. ausgezahlt werden.

Die Reederei hat das Recht, einem Crew-Mitglied fristlos zu kündigen, wenn es schwere Verstöße gegen die Schiffsregeln begangen hatten, wie zum Beispiel Drogenmissbrauch, schwerer Alkoholmissbrauch, Nötigung oder Gefährdung des Schiffsbetriebes. In solchen Fällen muss das Besatzungsmitglied für seine Heimreise selbst aufkommen. Die Reederei ist aber stets dazu verpflichtet sicherzustellen, dass das Besatzungsmitglied nach Hause kommt.

Vertragsdetails wie Länge der Probezeit und Kündigungszeit sind von Reederei zu Reederei und auch von Position zu Position unterschiedlich. Vom Inhalt her sind sie aber alle nahezu identisch.

Bei einer Kündigung sollten Sie aber immer zuerst versuchen, vorab eine einvernehmliche Lösung zu finden, also das direkte Gespräch an Bord mit Ihren Vorgesetzten zu suchen, mit dem Crew Purser an Bord sprechen oder die Recruiting-Agentur um Hilfe bitten. Häufig lassen sich die Probleme relativ einfach lösen, wenn man sie möglichst frühzeitig äußert und anspricht.

6.8 Erfahrungsberichte von vermittelten Personen durch die Firma Connect Worldwide Recruiting Agency

Zahlreiche Personen werden jährlich durch die Connect Worldwide Recruiting Agency vermittelt. Wir haben zu einigen dieser Bewerber aus unserer Datenbank Kontakt aufgenommen und interessante Erfahrungsberichte vom Leben und Arbeiten auf einem Kreuzfahrtschiff erhalten.

Interview mit einem Crew-Mitglied der Celebrity Infinity

Christian Bell ist seit 2001 Head Chef de Rang auf der Celebrity Infinity*.

Wie sind Sie darauf gekommen, auf einem Kreuzfahrtschiff zu arbeiten?

> Am Ende meiner Lehre bin ich von unserer Empfangschefin angesprochen worden und habe dann im kurzen Gespräch entschieden, es mal auszuprobieren.

Waren Sie auf das, was Sie erwartet hat, gut vorbereitet? Wo haben Sie sich informiert?

> Ich habe mich online informiert. Meine Recruiting-Agentur Connect Worldwide Recruiting Agency hat mir sehr viel Material geschickt. Zu Beginn wurde ich von der Reederei auf ein zehntägiges Training geschickt. Das hat auf jeden Fall etwas gebracht.

Wie waren die ersten Tage an Bord für Sie? Wie lange hat es gedauert, bis Sie sich eingelebt haben?

> Ich kann mich nur daran erinnern, dass ich mich immer wieder verlaufen habe und immer falsch in den Gängen abgebogen bin. Dann habe ich die Seiten verwechselt und hatte es auch schwer, mich an die Bewegung des Schiffes zu gewöhnen.

An Bord mussten Sie sich eine Kabine mit einer fremden Person teilen. Wie war das?

> Zu Anfang war es sehr merkwürdig, und dann war das obere Bett auch noch knapp unter der Decke, so dass ich mir am Morgen erst mal richtig den Kopf gestoßen habe.

Aber meistens waren die Kollegen sehr nett. Es war auch sehr interessant, sich mit den verschiedenen Religionen auseinanderzusetzen, zum Beispiel als ein indonesischer Kollege in der Kabine seine Rituale durchgeführt hat.

Welches sind Ihrer Meinung nach die wichtigen Eigenschaften, die man für ein Leben an Bord mitbringen sollte?

Flexibilität, Toleranz, Disziplin, sehr gute Fremdsprachenkenntnisse, Ausdauer, offenes Wesen, sicheres Auftreten, gutes Selbstbewusstsein, volles Engagement für die Gäste, Auge fürs Detail, Genauigkeit.

Können Sie uns kurz einen regulären Arbeitstag an Bord beschreiben?

Mein Tag auf der „Infinity" als Head Chef de Rang beginnt um 8:45 Uhr. Ich bin verantwortlich für die Reservierung, schreibe Erinnerungs- und Dankkarten, mache die telefonischen Buchungen, kümmere mich um die Gäste, die sich im Restaurant umschauen und Fragen stellen. Ich kontrolliere alle Buchungen des Vortages, und Special Orders & Diets werden an den Küchenchef weitergegeben. Die Sauberkeit des Restaurants wird täglich kontrolliert. Dann folgt die Vorbereitung für das Morgenmeeting. Sitzplan schreiben und das Prüfen der E-Mails. Meine Morgenschicht geht bis circa 12:30 Uhr.
Um 17:25 Uhr ist „Check-in Time" für das Dinner. Nach einem kurzen Meeting mit dem gesamten Personal wird die Station kontrolliert. Die Gäste kommen in Intervallen ab 18 Uhr. Ich begrüße die Gäste und gebe Informationen zur Karte, da viele Gerichte am Tisch zubereitet werden. Ich koordiniere den gesamten Service meiner Station, bis der letzte Gast das Restaurant verlässt. Das ist dann so gegen 23 Uhr. Es kann auch später werden, da wir jeden Tag auch die Kontrolle der Sauberkeit für unser Restaurant überprüfen müssen.

Was hat Ihnen während der Zeit an Bord am meisten gefehlt?

Da man nicht viel Zeit hat, darüber nachzudenken, da man immerzu arbeitet, merkt man es meistens nicht, aber es fehlen einem Freunde und Familie, ein bisschen Ruhe, Privatsphäre, freie Tage.

An Bord arbeiten Menschen aus den unterschiedlichsten Ländern zusammen – wie war es für Sie, damit umzugehen?

Es ist schon sehr interessant und auch eine Herausforderung, da man hin und wieder anderer Meinung ist. Was in Indien normal ist, wird ja nicht unbedingt in Deutschland gelehrt. Und wenn wir Weihnachten feiern, ist das in Bulgarien nicht auch so. Also ist wieder Toleranz und Einfühlungsvermögen gefragt. Aber ich denke, diese Vielfalt ist eine Bereicherung, Konflikte sind trotzdem nicht auszuschließen.

Haben Sie ein besonderes Erlebnis gehabt, dass Sie beschreiben möchten?

Es ist einfach wundervoll, wie viele Gäste ich persönlich kennengelernt habe, die über Jahre immer wieder zu uns kommen und auch Kontakt halten. Viele Gäste habe ich schon privat besucht, und es ist einfach ein tolles Gefühl, wenn ich weiß, dass diese Gäste extra für einen kommen.

Sie wurden bereits mehrmals befördert. Wie lange hat das gedauert? Wie schätzen Sie generell die Aufstiegschancen an Bord ein?

Die Aufstiegschancen stehen zurzeit sehr gut. Ich habe meine erste Promotion [Beförderung] während des ersten Vertrages bekommen, und dann ging es immer so weiter. Wenn man sich anstrengt und fleißig ist, bekommt man auf jeden Fall eine Chance. Und da jetzt auch noch so viele neue Schiffe gebaut werden, kann es nur nach oben gehen.

Hat Sie die Arbeit an Bord fachlich weitergebracht? Konnten Sie viel dazulernen?

Sehr viel, menschlich und auch fachlich. Ich bin jeden Tag dankbar für meinen Job.

Sie haben seit kurzem wieder festen Boden unter den Füßen. Wie fühlen Sie sich jetzt nach der Absolvierung Ihres Vertrages?

Es fällt mir manchmal schwer, mich wieder einzuleben. Die Arbeit fehlt und auch die Kollegen und der Lebensstil, den man an Bord gewohnt ist. Man zahlt keine Miete, Essen ist auch immer da. Das Wetter ist meistens schön. Das Meer strahlt in tausend Blautönen. Man ist jeden Tag gut angezogen und macht andere Menschen glücklich. Das fehlt einem dann schon. Man muss sich eben viel beschäftigen.

Würden Sie es Hotelmitarbeitern empfehlen, eine solche Erfahrung zu machen? Wenn ja, warum?

Empfehlen? Ja, aber mit Bedacht. Man sollte sich über das Leben an Bord bewusst sein.

Es ist nie einfach, und es sind viele Stunden Arbeit, circa 70 pro Woche. Und man hat einfach mal schlechte Tage, und die kann man nicht rauslassen. Die Erwartungen sind sehr hoch, und die Gäste erwarten das Beste …

* Anmerkung der Redaktion: Christian Bell ist heute als Assistant Guest Relation Manager für Celebrity tätig.

Mein erster Vertrag auf einem Kreuzfahrtschiff

Von Madeleine Moik, 2011 als International Concierge auf der MS Eurodam, Holland America Line

Ich hatte mich entschlossen, etwas Neues, Aufregendes zu machen und dachte an das Leben und Arbeiten auf hoher See, wo andere Urlaub machen.

Im August 2011 war es dann so weit, ich habe in Dover, England, die MS Eurodam der Reederei Holland America Line bestiegen. Das war ein beeindruckender Moment, vor so einem großen Schiff mit 2.104 Passagieren zu stehen. Noch nie zuvor habe ich ein Schiff in der Größenordnung und Pracht gesehen, geschweige denn betreten. Zu wissen, dass dies die nächsten sechs Monate mein Zuhause werden würde, machte mir Angst. Meine Kollegen vom Front Office waren sehr herzlich und haben mir den Einstieg und das Arbeiten am Anfang sehr erleichtert. Heute sage ich, ohne solch ein großartiges Team hätte ich es nie geschafft!

Zu Beginn habe ich sehr viele Tests, Schulungen und Unterweisungen erfüllen müssen und hatte eigentlich nach meiner Arbeit, die täglich zehn Stunden betrug, keinen Feierabend. Bis ich mich an Bord zurechtfand, hat es circa vier Wochen gedauert.

Die Crew-Kabine ist sehr klein, aber mit allem Nützlichen ausgestattet, was man zum Leben braucht, sogar das Bett war ganz gemütlich, mit einer Gardine, die auch in einer kleinen Zweier-Kabine etwas Privatsphäre zulässt. Als International Concierge gehört man zu den „Petty Officers", was uns kleine Privilegien gestattet, so durfte ich zum Beispiel im Lido Restaurant vom Buffet speisen, wann immer ich wollte, oder auch den Zimmerservice bestellen. Ich habe jedoch bevorzugt mit meinen anderen Kollegen in der Crewmess gegessen. Die Speisen waren meist abwechslungsreich, aber für Europäer auch gewöhnungsbedürftig.

In den ersten drei Monaten habe ich mich immer gefragt: „Was machst du eigentlich hier? Das Leben an Land mit deinen Freunden und der Familie zieht an dir vorbei." Ich hatte immer mal wieder Phasen, in denen ich leicht zerbrechlich war und am liebsten alles hingeschmissen hätte. Es war immer mal wieder ein Auf und Ab.

Für die Crew wird sehr viel geboten, es werden Bingo-Abende, Crew-Partys, Sportwettbewerbe oder gemeinsame Landausflüge gemacht, um alle trotz der harten Arbeit bei Laune zu halten. So habe ich auch schnell Freunde gefunden. Ich habe die Landgänge genossen, in kürzester Zeit habe ich so viele Länder und Städte gesehen, wie es wohl bei keiner anderen Arbeit möglich wäre. Ich bin wahnsinnig stolz darauf, was ich alles gelernt habe und dass ich meinen Vertrag erfolgreich abgeschlossen habe.

Ich habe genau die richtige Entscheidung getroffen: Arbeiten, Reisen, Geld verdienen, und das alles zusammen – was will man mehr? Ich bin gespannt auf meinen nächsten Vertrag und wohin mich die Reise führen wird …

Arbeiten, wo andere Urlaub machen

Von Julia Wolfram, 2011 als Head Waitress auf der MS Artania

Nachdem ich unverhofft arbeitslos wurde, sah ich meine Chance, etwas anderes auszuprobieren. Vor ein paar Jahren sah ich ein neues Kreuzfahrtschiff im Hafen von Warnemünde liegen und stellte mir vor, wie es sei, darauf zu arbeiten. Da ich nun auf der Suche nach einer neuen Herausforderung war, wandte ich mich an die Agentur „**Connect**".

Ich sagte zu mir, wenn ich es jetzt nicht mache, dann mache ich es nie!

Innerhalb von ein paar Tagen hatte ich eine Stelle als Head Waitress im Restaurant eines mittelgroßen Kreuzfahrtschiffs. Damit begann der Stress, denn ich hatte weder einen Reisepass noch eine Gelbfieberimpfung, auch kein Sicherheitstraining absolviert. Doch nach anderthalb Wochen stieg ich in Bremerhaven auf die „MS Artania" mit allen notwendigen Unterlagen. Es war das allererste Mal für mich auf einem solchen Schiff, und ich war nervös und sehr gespannt auf das, was mich alles erwarten würde. In meiner Kabine angekommen, war ich positiv überrascht, da ich sogar ein Bullauge hatte, was nicht der Normalfall ist. Für Crew-Mitglieder in Positionen wie der des Kellners sind die Kabinen wesentlich kleiner und ohne Fenster. Von Anfang an hatte ich Glück und musste meine Kabine nicht teilen, da ich die einzige Supervisorin im Restaurant war. Die Arbeit im Restaurant war anstrengend, und am Anfang habe ich jede freie Minute fürs Schlafen genutzt. Sehr überrascht war ich, dass es viele Asiaten auf dem Schiff gab. Nur etwa 15 Prozent der Crew waren Europäer. Das war eine große Umstellung, da die Bordsprache Englisch war und die verschiedenen Nationalitäten unterschiedliche Eigenheiten haben. Man arbeitet sieben Tage die Woche mindestens zehn Stunden am Tag, und der Körper muss sich daran erst gewöhnen. Doch nach den ersten zwei Monaten hat man es überstanden.

Der Alltag hat sich dann eingestellt, und man meistert alles ganz leicht. Es ist selbstverständlich, dass auch mal ein paar Tränen fließen, weil man nicht mehr kann oder sich allein fühlt. Allerdings beginnt man nach einer gewissen Zeit, sich ein eigenes kleines Leben aufzubauen. Ich war auch zweimal kurz davor, meine Sachen zu packen und sofort von Bord zu gehen, aber irgendwie habe ich mich dann doch immer wieder zusammenreißen können. Man lernt viele nette Menschen kennen, mit denen man an Land geht oder sich abends verabredet. Es ist ähnlich wie an Land, nur alles konzentriert auf kleinem Raum: Morgens geht man zur Arbeit, genießt seine Freizeit an Land oder abends in der Crew-Bar und trifft sich mit Freunden. Hat man sich erst daran gewöhnt, beginnt man es zu mögen. Ich bekam die Chance, die Abteilung zu wechseln, und war dann im Crew Office tätig. Durch diese Tätigkeit kam ich mit verschiedenen Menschen in Kontakt und habe viel gelernt über die verschiedenen Nationalitäten und tolle Erfahrungen gemacht. Natürlich gibt es auch auf dem Schiff Aspekte, die unangenehm sind. Da wäre das IPM-System, das regelt, dass 25 Prozent der Crew für einen Notfall im Hafen an Bord bleiben müssen. Das bedeutet, dass man jeden zweiten oder dritten Hafen nicht an Land darf. Dann gibt es jede Woche eine Sicherheitsübung und einmal im Monat spezielle Trainings, um auf einen Notfall gut vorbereitet zu sein. Dies wird von der Crew oft als lästig angesehen, jedoch dient es der allgemeinen Sicherheit und ist damit ein notwendiges Übel. Das Schiffsleben ist anstrengend, und man muss viel arbeiten, aber letztendlich muss ich sagen, dass es das Beste war, was ich machen konnte. Ich habe viele nette Menschen kennengelernt, viele schöne Städte rund um die Welt gesehen und großartige Erfahrungen gemacht. Jeder, der mal etwas anderes ausprobieren will und sich nicht zu schade zum Arbeiten ist, dem kann ich einen Job auf einem Kreuzfahrtschiff nur empfehlen!

Being a Viking

Von Katja Kriegbaum, 2011 als Program Manager auf der Viking Theodor Fontane

Auf einem Kreuzfahrtschiff arbeiten – das war schon lange etwas, was ich in meinem Leben einmal ausprobieren wollte –, zu sehen, ob ich der Herausforderung, jeden Tag dem Gast mit einem Lächeln zu begegnen, egal, wie es mir gerade geht, gewachsen bin.

Nach meinem Studium des Internationalen Tourismus-Managements war es dann so weit. Über Connect Worldwide Recruiting wurde der Kontakt zu Viking hergestellt, und schon bald bin ich zum Interview für die Stelle eines Program Managers eingeladen worden. Dort habe ich schon den ersten Eindruck vermittelt bekommen, da das Gespräch in Amsterdam auf einem der Schiffe stattfand und ich somit gleich ein Flusskreuzfahrtschiff besichtigen konnte. Und im März 2011 war es dann an der Zeit, die Koffer zu packen – für acht Monate.

Die Theodor Fontane fuhr die vollen acht Monate im Ein-Wochen-Takt zwischen Würzburg und Trier. So durfte ich neben dem Main und dem bezaubernden Mittelrhein auch die wunderschöne Mosel kennenlernen.

Eine Besonderheit auf diesem Schiff war es, dass ich zwei Programmteams im Wechsel hatte, da diese Strecke für die amerikanischen Gäste ein Vor- und Nachprogramm jeweils in Prag und Paris vorsah. Meine Position war die des zweiten Program Managers, und ich habe sozusagen als „Brücke" zwischen beiden Teams fungiert. So haben wöchentlich nicht nur die Gäste gewechselt, sondern auch meine Chefin und meine Kollegin.

Die Arbeit mit den Gästen hat sehr viel Spaß gemacht. Ich wurde oft von lokalen Stadtführern gefragt, ob es nicht langweilig wird, jede Woche die gleichen Orte zu sehen, die gleichen Texte der Stadtführer zu hören usw. Meine Standardantwort darauf war: Nein, denn mit jeder Reise wechseln die Gäste, und so ist es nie dasselbe. Auch hatten wir als Programmteam das Glück, dass wir mal „raus"gekommen sind, da unsere Hauptaufgabe das „Hüten" der Gäste auf den Tagesausflügen war. Das Schöne daran war, dass die Gäste es einem wirklich gedankt haben, dass man mit ihnen „draußen" war, denn gerade die amerikanischen Gäste finden es super, dass sie jemanden dabeihaben, den sie kennen, von dem sie wissen, dass sie jederzeit fragen können, egal ob es um einen Geldautomaten oder eine Apotheke geht oder auch mal darum, einen Arzt aufzusuchen.

Aber auch intern, das heißt innerhalb der Crew, hatten wir sehr viel Spaß. Zwischen Crew-Partys oder einfach mal im Crew-Bereich „abhängen" haben sich viele Freundschaften gebildet, und es gibt noch immer Kontakt mit dem ein oder anderen.

Und für mich kann ich die Frage mit „Ja" beantworten – ich bin in der Lage, egal in welcher Stimmung ich bin, jederzeit ein Lächeln auf den Lippen zu haben. Denn die Gäste sind so froh, dass du da bist, um ihnen den Urlaub zu versüßen, dass sie dir immer ein Lächeln und ein freundliches Hallo schenken, und dann gibst du das automatisch und sehr gerne zurück! Diese Saison auf dem Flusskreuzfahrtschiff werde ich definitiv immer in sehr guter Erinnerung haben. Und wer weiß, vielleicht ergibt es sich ja noch einmal, für Viking zu arbeiten – abgeneigt wäre ich auf gar keinen Fall!

Abenteuerleben auf dem Kreuzfahrtschiff

Von Meron Teferin, 2010 als Rezeptionistin auf der MS Amadea

Ich kann mich noch genau an den Tag erinnern, als ich die Zusage von der Agentur Connect mit Einstiegsdatum und Einstiegsort bekam und mir mitgeteilt wurde, auf welchem Schiff ich die nächsten Monate arbeiten und wohnen sollte. Das war Aufregung pur. Es waren noch ein paar Formalitäten zu erledigen, wie zum Beispiel den Vertrag unterschreiben und zurückschicken, den Impfpass vervollständigen und noch andere notwendige Unterlagen vorbereiten. Hier hat mir die Agentur Connect sehr geholfen, ohne sie hätte ich diese Dinge nicht so schnell erfüllen können.

Alle um mich herum waren voller Begeisterung und Aufregung.

Mein Einstieg war in Sydney auf der MS Amadea. Nach der langen Anreise und dem anstrengenden Flug kam ich wohlbehalten in Sydney an und hatte viele Fragen im Kopf: Wie wird die Arbeit sein? Wie werden die Kollegen mich aufnehmen? Wie wird das Leben sein, so weit weg von Familie und Freunden? Wird man sich schnell einleben? Fragen über Fragen.

Am Flughafen traf ich Gott sei Dank ein paar zukünftige Kollegen. Wir wurden von dem Agenten, der bereits mit einem Schild „MS Amadea Crew“ dastand, freundlich aufgerufen und mit dem Bus zum Hafen gebracht. Dann ging eigentlich alles schnell über die Bühne. Der Crew Purser begrüßte uns alle mit „Welcome on Board“ und nahm uns mit in sein Büro. Er checkte genau, ob alle Unterlagen da waren, nahm sie entgegen, machte von jedem ein Foto und händigte uns unsere Bordkarten aus. Dann zeigte er uns die Kabinen und brachte uns zu der Uniformausgabe. Er informierte jeweils die Abteilungsleiter über unsere Ankunft. Dann hieß es schnell frisch machen, in die Uniform schlüpfen, und dann ging es auch schon los. Man wird herzlich begrüßt, und die Kollegen warnen einen gleich, dass heute ein Ausnahmezustand herrscht, was einem Neuling doch im ersten Augenblick einen Schrecken einjagt. Es war Einschiffungstag bzw. Ausschiffungstag, und deshalb wurde es etwas stressiger und sehr hektisch.

Mein Reich war die Rezeption und somit die erste Anlaufstelle der Passagiere. Diese kamen mit sämtlichen Fragen, Beschwerden, Problemen und was auch immer sie auf dem Herzen hatten, immer zu uns. Mir wurde von meiner Kollegin noch im Schnellverfahren das Wichtigste erklärt und somit gleich die Angst genommen, dass ich am Anfang ja sowieso nicht alleine sei, und da sei immer jemand, den ich fragen könne. Das beruhigte mich schon mal sehr!

Dann ging auch der Check-in los. Die Passagiere bekamen ihre Bordkarten. Wir nahmen die Pässe entgegen, Gäste wurden von ihrer Kabinenstewardess auf die Kabinen gebracht.

Es ging alles unglaublich schnell. Am selben Tag wurde noch ein Drill, so wird die Seenotrettungsübung genannt, durchgeführt. Damit auch jeder, sowohl die Crew als auch die Passagiere, weiß, wie er sich im Notfall verhalten und wo er sein Rettungsboot finden kann. Jeder bekommt eine Aufgabe, was er im Notfall zu tun hat. Ich war so genannter Masterstation Leader, hatte das Rettungsboot Nummer 6 und war dafür zuständig, anhand der Liste die Passagiere laut aufzurufen und fehlende an die Brücke zu melden.

Es verging ein Tag nach dem anderen wie im Flug, man lernte schnell Kollegen und Freunde kennen, ging in die Crew-Bar, feierte Crew-Partys, machte Sport im Crew-Gym, überall waren nette Leute, und es gab überhaupt keine Zeit mehr, um Heimweh zu bekommen! Jeden Tag neue Häfen, neue Länder, ehe man sich's versah, vergingen Monate über Monate, und man fühlte sich an Bord schon wie zu Hause!

Ich bin so froh, dass ich den Mut hatte, so eine Erfahrung zu machen, auch wenn am Anfang so vieles einem doch Angst machte, war es meiner Meinung nach das beste Erlebnis, das man haben konnte in seinem Leben. Wo sonst hat man so viele internationale Crew Member auf einem Fleck, so viele Kulturen und Sprachen und einfach die Herausforderung, die Abwechslung? Diese Erfahrung nimmt man für das ganze Leben mit. Das waren die besten Monate meines Lebens, die ich nicht missen möchte. Ich würde jederzeit wieder an Bord gehen.

Das Schiff und ich

Von Benjamin Thomas, 2009 als Chef de Partie auf der Seabourn Pride

Mein Name ist Benjamin Thomas, ich bin mittlerweile 28 Jahre jung, Koch und habe innerhalb eines Jahres fast zweimal die Welt umrundet.

Sicher zehnmal in einem Flugzeug gesessen.

An den schönsten Stränden der Erde ein Bier getrunken und mir den Pelz verbrannt.

Zum ersten Mal schwimmende Eisberge, Wale und Zehn-Meter-Wellen live gesehen und erlebt. Und, würg, innerhalb von zwei Wochen mindestens 400 Freunde bei Facebook bekommen. Länder besucht, die ich schon immer bereisen wollte, worum mich jeder beneidet. Die verschiedensten Kulturen und Menschen kennengelernt und währenddessen sehr gutes Geld verdient.

Ich gebe zu, es war nicht immer nur Kirschenessen, sondern auch richtig anspruchsvolle, stressige, Schwankungen unterliegende und herausfordernde Arbeit – aber im Rückblick ziehe ich ein positives Resümee. Arbeiten auf einem Kreuzfahrtschiff ist in der Gastronomie- und Reisebranche für mich ein absolutes Erlebnis gewesen.

Ich habe für die Seabourn Reederei zweimal vier Monate gearbeitet. Zwischen den beiden Verträgen hatte ich zwei Monate Urlaub.

Das Leben auf diesen Schiffen ist wie der Seegang ein Auf und Ab. Wie es nun mal in der Gastronomie so ist. Dass sich mein Leben mehr oder weniger hauptsächlich um die Arbeit gedreht hat, ist ja offensichtlich. Aber was das so spannend und interessant gemacht hat, ist Folgendes:

1. Ich bin im übertragenen Sinne jeden Tag in einem anderen Land aufgewacht.
2. Es gab so viele Stationen zusammengefasst an einem Ort, dass ich sehr viel lernen konnte und es mir nie langweilig wurde.
3. Da ich auf dem Schiff mein Geld nicht so schnell ausgeben konnte, wie ich es verdient habe, hatte ich am Ende meiner Verträge so gut wie alles auf meinem Konto und hatte (dafür, dass ich dabei sehr gut gelebt habe) viel verdient.
4. Die Preise für Luxusgüter auf dem Schiff wie Bier, Wein und Zigaretten waren erstaunlicherweise so gering, dass ich auf nichts verzichten musste.
5. Die teilweise langen Arbeitszeiten (bis zu 14 Stunden) waren nicht gang und gäbe und wurden uns von unseren Vorgesetzten mit Partys, Themenabenden und Veranstaltungen gedankt.
   Das waren Partys, sage ich euch …
6. Der Teamzusammenhalt auf dem Schiff war unglaublich! Ich habe solch ein gutes Verhältnis mit den Kollegen noch in keinem Betrieb erlebt, egal in welchem Land und an welchem Ort ich gearbeitet habe.

Denn wir saßen alle tatsächlich und sprichwörtlich „im selben Boot".

Die Qualität der Arbeit, die Präzision und die Durchführung waren nur ein paar der wichtigsten Kriterien auf dem Schiff. Denn wenn ein Zahnrad nicht richtig läuft, geht die ganze Maschinerie nicht. Es ist alles vorgegeben, und die Gäste erwarten ein kontinuierlich gleich gut bleibendes Bild, das sie bei ihrer letzten Reise erhalten haben und auch beim zweiten Besuch wieder bekommen wollen. Darum ist es wichtig, einen roten Faden in jedem der Aufgabenbereiche folgen zu können und zu wissen, dass der Gast den Lohn bezahlt.

Wichtig war auch, dass ich keine Angst in engen Räumen habe. Denn die Personalkabinen waren sehr klein, wenn auch gemütlich. Das Personalessen war ausgiebig und abwechslungsreich.

Natürlich kam es immer darauf an, welcher Koch gerade für uns zuständig war, aber das ist ja normal. Zwischenmenschliche Beziehungen in und auf einem Schiff sind generell eine willkommene Abwechslung und immer wieder ein gutes Ventil, gemeinsamen Stress abzubauen. Das Internet ist zwar etwas langsam, aber durch WLAN auch in den Kabinen verfügbar. Selbst die neuesten Kinofilme haben die Reedereien im Angebot, und das Entertainment-Programm lässt keine Wünsche offen. Kontakte knüpft man sehr schnell, und ich habe nichts anderes getan, als eine sehr schöne Zeit auf den Schiffen zu verbringen.

Wenn meine Familie nicht meine andauernde Anwesenheit benötigen würde, würde ich immer wieder gerne auf einem Schiff anheuern und das Leben dort genießen …

Vorurteil: Spaßdampfer

Von Chris Schädel, 2011 als Crew Purser auf der MS Amadea

Nach dem Abitur habe ich ein Jahr mit dem „Work and Travel"-Programm in Australien verbracht. Während dieser Zeit ist in mir der Drang gereift, die Welt zu erkunden. Also stand fest, es muss eine Berufsausbildung oder ein Studium her, das es mir ermöglicht, akademische Kenntnisse und das Entdecken der Welt miteinander zu verbinden.

Ich habe mich für den Bachelor-Studiengang „International Cruise Industry Management" an der Hochschule Bremerhaven, zu Deutsch Internationales Kreuzfahrtmanagement, entschieden und bin auf diesem Wege zur Seefahrt gelangt.

Während meines vierjährigen Studiums habe ich ein sechsmonatiges Praktikum bei einem deutschen Kreuzfahrtveranstalter absolviert und bin so das erste Mal in Kontakt mit einem Kreuzfahrtschiff gekommen.

Natürlich gibt es unzählige Gründe, um auf einem Schiff anzuheuern, am Ende aber steht für die Meisten die Möglichkeit, die Welt zu entdecken, im Vordergrund. Auch ich habe viel gesehen, habe drei Weltreisen hinter mir und bin nun mit dem Virus „Kreuzfahrt" infiziert.

Im Folgenden werde ich versuchen, einige Eindrücke aus der Sicht eines Crew Pursers (Personalverwalter an Bord) wiederzugeben.

Die Position des Crew Pursers ist eine sehr vielseitige und herausfordernde Tätigkeit, meist hinter den Kulissen der „Spaßfabrik". Neben Gehaltsabrechnungen, Visa-Anträgen, Seelsorge und vielem mehr bin ich auch die erste Ansprech-/Kontaktperson, wenn die (neue) Crew an Bord kommt.

Da das bei mir selbst noch gar nicht so lang her ist, kann ich mich gut in die Kreuzfahrtneulinge hineinversetzen und ihnen ein bisschen von der „Angst" dem Neuen gegenüber nehmen.

Allerdings merke ich, dass die Neuankömmlinge in einer Zeit von YouTube und Social Networks mit ganz anderen und zumeist völlig falschen Erwartungen an Bord kommen.

Hier wünsche ich mir als Personalverwalter an Bord mehr Initiative, zum einen von den Crew-Mitgliedern selbst, zum anderen von den Recruiting Agencies. Ein sehr guter Weg, um sich mit dem tatsächlichen Leben und Arbeiten auf einem Schiff auseinanderzusetzen, ist dieses Buch.

Von den Tatsachen abgesehen, dass zahlreiche Neueinsteiger ihre Dokumente nicht komplett dabeihaben und sich dann zum Selbstschutz rechtfertigen: „Das wusste ich nicht, dass ich das mitbringen muss, das hat mir niemand gesagt", beginnen sie noch während des Check-ins ihre wichtigsten Fragen zu stellen, die sich zu 95 Prozent wie die folgenden anhören:

- Von wann bis wann muss ich arbeiten?
- Habe ich am Wochenende frei?
- Gibt es freie Tage?
- Ich muss mir die Kabine mit zwei oder drei anderen teilen?
- Die Bordsprache ist Englisch?
- Wie funktioniert das mit dem Rausgehen?
- Was, ich muss heute noch arbeiten?

An Bord versuchen wir den Einsteigern die ersten Fragen in einem kleinen Willkommensheft zu beantworten. Des Weiteren sind darin die wichtigsten Personen an Bord vorgestellt, ein kurzer Schiffsrundgang mit Erklärungen der wichtigsten Orte an Bord wird beschrieben, Ansprechpartner werden genannt.

Dies geschieht jedoch erst alles, wenn die Crew bereits auf dem Schiff eingetroffen ist, sozusagen bei der Umsetzung. Bei der Vorbereitung, also bis zum Zeitpunkt des Ankommens an Bord, sollten die neuen Crew-Mitglieder so gut wie möglich sowohl von der Firma, bei der sie angestellt sind, als auch von den Recruiting Agencies unterstützt werden.

Sollten Sie also, liebe Leserinnen und Leser und zukünftige Seeleute, generelle oder aber spezifische Fragen zum Leben und Arbeiten an Bord eines Kreuzfahrtschiffes haben, scheuen Sie sich nicht, Ihre Recruiting-Agentur zu kontaktieren.

Des Weiteren möchte ich noch auf einen anderen wichtigen Punkt zu sprechen kommen: die Freizeitgestaltung an Bord.

Wenn man auf einem Schiff anheuert, sollte man sich im Klaren darüber sein, dass einige Dinge aus dem Leben an Land nur eingeschränkt oder gar nicht funktionieren. Einige Punkte habe ich weiter oben bereits erläutert.

Ein Schiff wird, gerade wenn es auf Weltreise ist, auch mal einige Tage nacheinander keinen Hafen anlaufen, bei einer Atlantiküberquerung zum Beispiel. Dann werde ich als Crew Purser oft, zumeist von den neueren Kollegen, gefragt, was man denn dann an solchen Tagen machen kann, um sich von der Arbeit zu erholen.

Je nach dem, was die Reederei ihrer Crew zur Verfügung stellt, sind die beliebtesten Einrichtungen die Crew-Bar, die Crew-Gym und das Crew Internet Café. Des Weiteren kann man sich bei kleineren Beschäftigungen wie Darts, Kicker oder Tischtennis die Zeit vertreiben. Oder aber auf individuelle „Zusatzangebote“ der jeweiligen Reedereien zurückgreifen wie Crew-Kino, sportliche Aktivitäten oder (bei Hafenanläufen) Crew-Ausflüge. Dieser Ausgleich, egal welcher Art, ist für alle an Bord sehr wichtig, dennoch gibt es auch Tage, an denen aus den verschiedensten Gründen keine Crew-Aktivitäten angeboten werden können. Für diesen Fall sollte man auch vorsorglich eigene Unterhaltung (und „Unterhaltungstechnik“) wie Bücher, Laptop etc. mit an Bord nehmen.

Ich wünsche Ihnen viel Erfolg bei Ihrem Schiffseinsatz, und wer weiß, vielleicht werde ich den einen oder anderen irgendwann einmal in meinem Büro, dem schönsten der Welt, denn es ist auf einem Kreuzfahrtschiff, WILLKOMMEN heißen.

Meine Erfahrungen auf einem Flusskreuzfahrtschiff

Von Kristina Schröder, Reiseleiterin bei einer Flusskreuzfahrtreederei

Flusskreuzfahrten – für mich verbindet das nicht nur persönlichen Service auf hohem Niveau, sondern auch eine Menge neuer Kollegen, die in den kommenden Monaten meine neue Familie bilden. Zudem bedeutet es auch, zahlreiche interessante Orte zu entdecken und internationale Gäste kennen zu lernen.

Während meiner Ausbildung zur internationalen Touristikassistentin besichtigten wir mit unserem Lehrer ein Flusskreuzfahrtschiff. Für mich stand fest: Nach der Ausbildung möchte ich im Bereich der Reiseleitung mindestens eine Saison hier verbringen. Ohne mein Ziel aus den Augen zu verlieren, stürzte ich mich Hals über Kopf in mein ganz persönliches Abenteuer. Schließlich stand ich direkt nach meinem Abschluss in Budapest am Pier, um voller Spannung dieses kleine, schwimmende Hotel zu betreten.

Als Reiseleiterin waren meine Hauptaufgaben die Betreuung der Gäste an Bord und auf

Landausflügen, die Ablösung der Rezeption und die Mitgestaltung der Abendprogramme. Darüber hinaus war es selbstverständlich, dass man da mit anpackt, wo Hilfe benötigt wird. Die Crew ist deine neue Familie, jeder an Bord arbeitet gleich viel und hart, um den Gästen ihren Aufenthalt so angenehm wie möglich zu gestalten. Wie in jeder Familie kommen Streitereien vor und man versöhnt sich schnell wieder. Es bleibt einem auch nichts anderes übrig, denn aus dem Weg gehen kann man sich nicht. Aber das ist auch das Schöne, denn wenn man abends zusammensitzt, sei es im Gemeinschaftsraum oder auf dem Personaldeck, dann wird gelacht, gefeiert, sich ausgetauscht und die Differenzen, die man hatte, sind vergessen.

Flusskreuzfahrten bieten den eindeutigen Vorteil, dass man das Land nicht aus den Augen verlieren kann, weil es zu beiden Seiten an einem vorüberzieht. Für Leute, die schnell seekrank werden also ideal. Nicht nur Städte und Wälder zieren das abwechslungsreiche Uferpanorama, sondern auch Weinberge, Burgen und Klöster bieten eine tolle Kulisse. Auf der Reise von Budapest nach Nürnberg durchquert das Schiff die Länder Ungarn, Slowakei, Österreich und Deutschland, die man in der Saison als Crew-Mitglied Stück für Stück näher kennen lernt. Zahlreiche neue Eindrücke, fremde Städte und Kulturen, atemberaubende Landschaften und das ganz besondere Flair des leisen „Dahinreisens“ ist es, was mich an diesem Beruf gereizt hat – und ich wurde nicht enttäuscht.

Die – überwiegend aus Übersee stammenden – Gäste zeigten reges Interesse am interkulturellen Austausch. Sowohl die Themenessen, als auch die Stadtführungen, die ich begleitet habe, fanden immer großen Anklang. In Vorträgen an Bord erfuhren sie dann noch mehr Details über die Region, die gerade durchfahren wurde.

Alles in allem war das Leben an Bord eine Erfahrung, die ich heute nicht mehr missen möchte. Wahrscheinlich bin ich deshalb auch eine zweite Saison zurückgegangen. Ich habe mich weiterentwickelt und hoffentlich dazu beigetragen, vielen Urlaubern eine unvergessliche Zeit auf Europas Flüssen zu bereiten.

44 Tage – Kurzeinsatz zum Saisonende auf einem Flusskreuzfahrtschiff

Achaz Jäger-Waldau, Chef de Rang

Ich war als Steward auf das Flusskreuzfahrtschiff meines Vertrauens beordert worden, da ein Kollege ausgefallen, und Not am Mann war.

Von den Offizieren wurde ich sogleich auf das Herzlichste begrüßt, allerdings mit der Bitte, meinen Dienst unverzüglich anzutreten, denn es gab viel zu tun. Für mich kein Problem, deswegen war ich ja da. Für mich gab es da auch viel Neues zu lernen, ich war zuletzt für eine andere Gesellschaft gefahren, und das gastronomische Konzept war mir natürlich ganz neu.

Anfangs wurde ich meinem Kabinengenossen zur Einschulung zugeteilt, und am nächsten Tag hatte ich auch schon meine eigene Station im Restaurant. Überflüssig zu erwähnen, dass da nicht Alles von Anfang an von selbst lief, aber meine Kollegen sowie der Maître hatten viel Geduld und unterstützten mich, wo es ging. Tatsächlich war ich – außer zwei Offizieren – der einzige deutschsprachige an Bord, was mir aber kaum bewusst war, da ich deswegen niemals ausgegrenzt wurde.

Wenn man Interesse für andere Sprachen und Kulturen zeigt, gewinnt man Respekt und Sympathie, auch als Minderheit, und kann noch was lernen, so ist das. Ich muss hier natürlich zugeben, dass die Arbeit keine leichte war, aber sonst hätte ich mich ja auch ins Büro setzen können.

Im Restaurant war es schon besser zweimal am Tag zu duschen, wenn man seine Arbeit aber sorgfältig und zügig erledigt hatte, gab es auch relativ viel Freizeit. In der Bar war der Dienst viel weniger anstrengend, dafür dauerte er aber auch länger.

Jedenfalls bin ich nachher eigentlich immer noch im Kreise lieber Kollegen auf dem Achterdeck gesessen, um den Tag mit lustigen oder nachdenklichen Gesprächen ausklingen zu lassen. Trotz meiner kurzen Präsenz fiel dann der Abschied von dem Einen oder Anderen gar nicht so leicht, aber die Welt ist ja rund und gerade im Seemannsleben sieht man sich immer zweimal.

Ahoi!

Der Weg ins Ungewisse

Von Gerrit Cassel, 2002 als Demichef de Partie auf der SeaDream II

Das Unternehmen Kreuzfahrt, ein Traum für junge Menschen, die sich nichts sehnlicher wünschen, um ihrem grauen und tristen Alltag zu entfliehen. Für all diejenigen, die sich trauen, ein Abenteuer zu meistern, und die viele neue Kulturen und Länder kennenlernen wollen.

Ich war damals 25 Jahre alt, gelernter Koch mit einigen vakanten Stationen im Lebenslauf, und kenne kein Heimweh. Eine extrem stressige Wintersaison im Fünf-Sterne-Hotel in Zermatt lag bereits hinter mir, als ich mich auf die neue Position bewarb.

Ich erinnere mich an den Tag, als mich die Agentur Connect angerufen und mir gratuliert hat mit den Worten: Welcome on Bord. Wir freuen uns für Sie, dass Sie an Bord der SeaDream arbeiten werden.

Nun ging alles ganz schnell: Die Agentur Connect übernahm die komplette Abwicklung der Bürokratie, und nur einige Tage später unterschrieb ich den Vertrag mit der SeaDream. Auch ein C1D-Visa – das so genannte Seemannsvisum – musste ausgestellt werden, das jedermann an Bord benötigt, sobald das Schiff einen US-Hafen anläuft. Auch hier hat es mir enorm weitergeholfen, die fachkundigen Mitarbeiter einer Agentur im Hintergrund zu haben, die einem immer mit Rat und Tat zur Seite standen, wenn man sie brauchte. Ohne das Personal von der Agentur Connect würde ich bestimmt immer noch nach den Formularen suchen, die man so benötigt. Alles war erledigt. Alle erforderlichen Dokumente waren zur Hand.

Einige Tage vergingen, und der Aufstiegstermin rückte näher … Mit dem E-Ticket in der Tasche und einem Haufen Gepäck machte ich mich auf dem Weg zum Flughafen. Haben Sie sich schon mal gefragt, wie man Messer und andere scharfkantige Gegenstände in ein Flugzeug bringt? Und wie kommt man mit 40 Kilo Übergepäck an Bord? Alles Fragen, die sich auf einmal auftaten. Solche Situationen als Neuling in der Branche sind wirklich spannend und eine Erfahrung wert …

Mein erster Einsatzort für die Reederei führte mich ins sonnige Monaco an der Côte d'azur. Noch nie hatte es mich dorthin verschlagen, noch nie war ich auf einem Schiff mit lauter fremden Personen und keinerlei Privatsphäre. Ein kleiner Franzose – der Port Agent – holte mich von Flughafen ab. Er sprach gebrochenes Englisch und machte mir klar, dass das Schiff noch nicht im Hafen sei. Er habe jedoch ein Hotel organisiert. Wo ich bereits auf andere Crew-Mitglieder stoßen und mit denen ich dann am kommenden Morgen an Bord gehen werde. Kurz machte sich ein Gefühl der Unlust in mir breit, bevor ich überhaupt auch nur einen Schritt an Bord gemacht hatte.

Am kommenden Morgen wartete bereits ein Kleinbus vorm Hotel, der den Transfer zum Hafen übernahm. Bislang kannte ich jeden Arbeitgeber und den Arbeitsplatz bereits aus den vorangegangenen Vorstellungsgesprächen, aber diesmal war alles anders. Als wir in den Hafen einfuhren, lag sie majestätisch und ehrfürchtig vor mir: die SeaDream II – eine knapp 100 Meter lange Luxusyacht mit 100 Crew-Mitgliedern, um die schon jede Menge los war; ein Bienenstock, in dem jeder wusste, was zu tun ist …

Samstagmorgen: Embarkation Day, was so viel heißt wie Bettenwechsel. Der Tag, an dem kein Passagier das hektische Treiben um das Be- und Entladen von Waren, Equipment und Müll so richtig mitbekommt. Der Sous Chef nahm mich in Empfang. Der Check-in für die Crew-Mitglieder beginnt beim Purser. Hier werden alle formellen Angelegenheiten eines jeden neuen Mitgliedes abgewickelt. Heimatadresse, Datum des Aufstiegs, Kontonummer, Reisepassabgabe und … eine Adresse von Angehörigen, die im Notfall verständigt werden können. Man kann sich wohl vorstellen, was einem dort durch den jungen Kopf geht. Mit dem neuen Crew-Ausweis, der eine ähnliche Funktion hat wie ein Personalausweis, verließ ich das Büro. Weiter zur Kabine auf Deck 2. Wir befinden uns unter der Wasserlinie. Erwartungsvoll öffnete ich meine Kabine und fragte mich, wie ich dort meinen Koffer unterbringen sollte. Ein Hochbett, Kleiderschrank, ein kleiner Schreibtisch und ein Fernseher boten sich meinen Augen. Vor dem Fehlen jeder Privatsphäre wurde ich ja bereits gewarnt, doch dass die Kabine die Größe einer Legebatterie hatte, beunruhigte mich. Weiterhin wurde mir erst jetzt klar, dass sich Dusche und Toilette auf dem Gang befanden. Mein Mitbewohner aus Frankreich begrüßte mich freundlich und wies mich kurzum ein, wie ein normales Leben „unter Tage“ möglich ist. Welcome on Board!

Den Aufstieg auf die SeaDream II im Sommer 2005 werde ich so schnell nicht vergessen.

Die ersten Arbeitstage und das Kennenlernen der neuen Kollegen bleiben wohl jedem in Erinnerung, der das Abenteuer Kreuzfahrt bislang gewagt hat. Doch hat man die ersten Tage hinter sich, erschließt sich eine Welt voller toller Erfahrungen, an die man sich noch lange zurückerinnern kann.

Viele neue Situationen kommen anfangs hinzu und erschweren zusätzlich die neue Arbeit an Bord.

Es ist nicht nur, wie in meinem Fall, das Kochen. Kochen liegt mir – ich bin stresserprobt und weiß, dass ich auch eine gewisse Geschwindigkeit habe, um die von mir verlangten Arbeiten zu meistern. Doch kommen ein paar ungewisse Faktoren wie etwa Heimweh oder anfängliche Seekrankheit hinzu. Diese haben schon so manchen Neuling aus der Bahn geworfen.

Der enorme Stress der neuen Aufgaben, die bis ins letzte kleinste Detail mit Bildern und Anleitungen akribisch durchgeplant sind, hat vielen so sehr zu schaffen gemacht, dass sie freiwillig wieder gegangen sind. Und in der Küche kommen für jeden Neuling noch weitere, noch nie dagewesene Hygieneregeln hinzu! Oder haben Sie schon einmal von einem „Three Bucket System“ oder von „USPH“ gehört? Bei Letzterem hätte ich eher gedacht, es wäre eine Seuche oder Ähnliches. Dahinter verbirgt sich aber der wohl strengste Hygienestandard der Welt. Dieser wird jede Nacht aufs Neue von der Crew abverlangt, sobald sich das Schiff der Küste oder einem Hafen in den USA nähert. Fällt in diesem Hygienepunktesystem das Schiff durch die strenge Kontrolle der US Coast Guard, darf das Schiff für mindestens ein Jahr keine Häfen in den USA mehr anlaufen. Ein enormer Druck für den Kapitän und das Management, der natürlich auf die Crew weitergegeben wird, um immer die bestmögliche Höchstpunktzahl zu erreichen.

Der Abendservice in der Küche auf einem Kreuzfahrtschiff ist sieben Tage in der Woche eine neue Herausforderung. Auch hier ist alles akribisch geplant: das Eintreffen der Gäste, der täglich wechselnde Cocktailempfang etc. Die Belegung – im Normalfall immer voll. Jeder weiß genau, was zu tun ist und wer was anrichtet. Der „Chef“ überwacht jeden Teller persönlich und lässt dich genau wissen, wenn etwas nicht passt. Zudem herrscht auf einem Fünf-Sterne-Schiff die Devise – geht nicht gibt's nicht. Jeder, der schon mal in der Küche gearbeitet hat, kann sich vorstellen, dass Extrawünsche einem schon mal den Abend verderben können. Auch hier wieder ganz neue Erfahrungen: „Koscher Kochen“, „Veganes Fünf-Gänge-Menü“, „Menü ohne Alkohol“ oder gar „Laktose“- und „Fruktose“-freies Essen … Der Druck des Gästeratings, auf dem jeder Kreuzfahrtgast seine Noten für die Küche, Service, Rezeption etc. abgeben kann und das wöchentlich ausgewertet wird, ist extrem hoch.

Sobald sich der Arbeitsalltag eingestellt hat, tun sich aber schon die nächsten Fragen auf. Haben Sie sich schon mal gefragt, was Sie machen, wenn der Ernstfall ausbricht? Wassereinbruch, Feuer in der Küche, Evakuierung von Gästen? Und wie starte ich ein Rettungsboot? Alles Dinge, die in einer normalen Kochausbildung nicht unbedingt trainiert werden. Ein Koch auf einem Kreuzfahrtschiff muss ein Allrounder in allen Lebenslagen sein. Die Trainings für diese Ernstfälle fallen ausgerechnet vor allem in der anfangs recht knappen Mittagspause an.

Alles in allem gesehen ist der Start wie in jedem neuen Job eine Herausforderung. Hat man aber nach den ersten zwei Monaten erst einmal Fuß im neuen Leben gefasst, lernt man auch die neuen schönen Seiten des Lebens kennen. Freizeit – unzählige schöne Situationen an Bord wie etwa „Crew-Partys“, „Karaoke-Partys“ oder „Over Night“-Partys an Traumstränden, die nicht jeder normale Kreuzfahrer zu Gesicht bekommt, oder auch eine neue Liebe an Bord tragen dazu bei, dass ein Vier-Monats-Vertrag wie im Fluge dahingeht. Auf einem Schiff wie der SeaDream II ist die nur aus gerade mal 100 Männern und Frauen bestehende Crew eine Art von Familienersatz. Jeder kennt jeden – vom Kapitän bis zum Tellerwäscher oder Maschinisten. Besonders der enge Zusammenhalt und der Umgang mit den Kollegen auf kleinstem Raum ist für mich eine neue Erfahrung gewesen. Der Spruch: „Wir sitzen alle in einem Boot", bekommt auf einmal eine ganz andere Bedeutung. Arbeit und Privatleben sind ständig dichter beieinander als bei jedem bisherigen Job. Den 100 Metern Stahl kann man eben nicht so schnell entfliehen wie nach Feierabend einer anderen Firma. So kommt es schon mal vor, dass der Sous Chef, der einen den ganzen Tag im Job gereizt hat, nach Feierabend ein toller Freund ist. Man lernt andere Kulturen zu respektieren, zu verzeihen, miteinander zu leben – eine Gabe, die mir auch noch in meinem heutigen Job oft weiterhilft.

Arbeiten auf einem Schiff – für mich die tollste, spannendste und abenteuerlichste Zeit in den letzten 15 Jahren meiner Arbeit als Koch. Fachlich sowie menschlich eine Erfahrung, zu der ich nur raten kann, solange man jung, ungebunden und weltoffen ist. Ich bin drei Verträge an Bord der SeaDream II gefahren, habe mich schnell eingearbeitet und bin mit jedem Vertrag aufgestiegen. Der Wiederaufstieg später ist ein Kinderspiel – man kennt sich eben, man weiß, wie, was, wann und wo gemacht wird. Man sieht Gesichter kommen und gehen, tolle Strände, fremde Orte und andere Schiffe mit anderen Kollegen. Die knapp 10.000 Fotos von den schönsten Plätzen an den abgelegensten Orten und einem Freundeskreis rund um die Welt lassen das Unternehmen Kreuzfahrt nie wieder in Vergessenheit geraten. Heute bin ich froh, dass ich diesen Schritt gemacht habe, und kann nur jeden ermuntern, auch einmal eine Kreuzfahrt „backstage" zu machen.

Meine Zeit auf der MS Premicon Queen

Von Maximilian Fölger, 2011 als Chef de Rang auf der MS Premicon Queen

Die Premicon Queen ist ein Flusskreuzfahrtschiff, das sich im Sechs-Sterne-Segment befindet. Sie ist 2008 das erste Mal in Betrieb gegangen. Das Schiff hat 30 Junior-, 16 Deluxe- und vier Queen-Suiten. Das Besondere war, dass Letztere durch einen Butler betreut worden sind. Die Strecke führte von Holland bis runter nach Ungarn.

Die ersten Tage auf dem Schiff waren schon mit sehr viel Arbeit verbunden, aber mir gefiel es auf Anhieb. Die körperliche Belastung auf einem Schiff ist sehr hoch. Man darf nie vergessen, dass man eine Sieben-Tage-Woche hat, in der man täglich mindestens zehn Stunden arbeitet.

Trotzdem war diese Erfahrung für mich lohnenswert und hat mir für weitere berufliche Pläne eine außerordentlich wertvolle Basis geliefert. Auch der Umgang mit den Kollegen und den Gästen hat mich noch entscheidungsfreudiger werden lassen. Ich habe unglaublich tolle Leute – Kollegen wie Gäste – kennengelernt.

Natürlich hat die Rundumversorgung eines Gastes auf einem Schiff oberste Priorität. Einem Gast auf einem Flusskreuzfahrtsschiff alle erdenklichen Annehmlichkeiten zu bieten war für mich immer wieder eine tolle Herausforderung. Ich konnte mein Empathievermögen sinnvoll anwenden, zum Beispiel beim Umgang mit einem behinderten älteren Gast, der niemandem zur Last fallen wollte und dem ich diese Angst mit Herzlichkeit und Zuwendung nehmen konnte. Er hat sich am Ende der Reise bei mir bedankt, und ich durfte ihn sogar bei einer zweiten Reise wieder betreuen.

Es gab einige Gäste, die mit mir jetzt noch kommunizieren, weil sie sich einfach wohl gefühlt haben. Darüber freue ich mich sehr, und es bestätigt mich von Tag zu Tag, dass dieser Job unglaublich viel Spaß machen kann.

Ich kann solch eine Erfahrung nur befürworten, denn es ist etwas, was man sonst niemals erleben würde.

Nachwort:

Wir möchten hier noch einmal allen für die tollen Erfahrungsberichte, die uns zugeschickt wurden, danken. Sie bereichern unser Buch enorm. Es ist immer wieder spannend zu lesen, was unsere Bewerber auf ihren Reisen erlebt haben.

Weitere Erfahrungsberichte, wie auch Fotos und Videos, können Sie auf unserer eigens für das Buch erstellten Website www.connect-willkommenanbord.de finden. Ebenso haben Sie dort die Möglichkeit, sich für einen Newsletter anzumelden, um immer auf dem Laufenden zu bleiben.

7. Zurück an Land

Wie Sie sich die ersten Tage zurück an Land fühlen werden, hängt von Ihrem Typ ab. Viele Rückkehrer sind erleichtert, wenn sie in die vertraute Umgebung mit Familie und Freunden zurückkehren. Sie genießen die Zeit mit ihren Lieben sowie die wiedererlangte Privatsphäre. Die Rund-um-die-Uhr-Verfügbarkeit wird ausgetauscht mit der Möglichkeit, den eigenen Interessen nachzugehen.

Es gibt jedoch auch Menschen, die es kaum abwarten können, wieder an Bord zu gehen. Die Freizeit an Bord ist zwar begrenzt, dies wird aber durch die immense Abwechslung kompensiert. Vielleicht wird es Ihnen anfangs schwerfallen, auf eben diese zu verzichten.

Zu welcher Gruppe Sie sich auch zählen, die Zeit nach dem Ausstieg birgt wieder einige Besonderheiten, die im folgenden Kapitel thematisiert werden.

Für die Daheimgebliebenen ist es oftmals sehr schwer, Ihre an Bord gesammelten Erfahrungen nachzuempfinden und zu verstehen. Es scheint, als würden sich nur wenige Freunde und Verwandte für Ihre Anekdoten und Geschichten erwärmen, und Sie werden Zeit brauchen, um sich mit der Situation abzufinden.

Viele Erlebnisse der letzten Monate waren eindrucksvoller und faszinierender, als Sie es sich vorab hätten ausmalen können. Und nun sollen Familie und Freunde an diesem Glücksgefühl natürlich teilhaben. Zumal nicht jeder den Mut und den Ehrgeiz hat, andere Länder zu bereisen und ein Arbeitsumfeld fern dem bisherigen Lebensmittelpunkt zu wählen.

Viele Menschen wünschen sich mit Sicherheit auch eine solch großartige Möglichkeit. Manch einer wird sich diesen Traum aber nie erfüllen können. Somit fehlt auch das offene Ohr für Ihre Geschichten. Dieses Verhalten ist nur allzu menschlich und sollte nicht überbewertet werden. Für andere wiederum klingen Ihre Geschichten so unglaublich, dass sie sie nicht so recht einzuordnen wissen und nachvollziehen können. Auch hier fehlt die Basis für ausschweifende Gespräche rund um das Leben an Bord.

Nach der Rückkehr werden Sie feststellen, dass auch daheim die Zeit nicht stehen geblieben ist. Sie haben zwar Ihren Horizont erweitert und sich weiterentwickelt, aber auch die Menschen aus Ihrem Umkreis haben sich geändert. Eventuell haben sich bei Ihnen ganz andere Präferenzen und Ziele ergeben. Hat man selber durchaus das Gefühl, noch die gleiche Person zu sein, haben Außenstehende oft unnötig Respekt oder gehen unbewusst auf Abstand. Diese Situation zu meistern, darin liegt die Schwierigkeit nach der Wiederkehr.

Ihre Rückkehr steht natürlich erst einmal im Vordergrund. Jedoch möchten auch die Daheimgebliebenen die Gelegenheit bekommen, eigene Erlebnisse zu schildern. Auch sie haben amüsante oder auch belastende Dinge erlebt und möchten ihre Geschichten erzählen. Diesmal ist ein offenes Ohr auf Ihrer Seite gefordert.

Eventuell haben Sie den 80. Geburtstag der Großmutter, die Silberhochzeit der Eltern oder den runden Geburtstag einer Freundin versäumt. Die Momente, die sich auf diesen Feiern ereignet haben, werden nie Ihre eigenen Erlebnisse sein. Nun sind Sie selbst derjenige, der nicht mitreden und nur als Zuhörer fungieren kann. Nach der Rückkehr sollten Sie also nicht nur Verständnis erwarten, sondern auch mitbringen.

7.1 Der Alltag

Der Alltag spielt sich nach der Eingewöhnungsphase wieder ein. An Bord gab es viele Dinge, über die Sie sich keine Gedanken machen mussten. Nun heißt es für Sie wieder Schlange stehen an der Supermarktkasse und selber kochen. Wieder selbst für die alltäglichen Bedürfnisse zuständig zu sein, müssen Sie erst langsam wieder erlernen, und das kann in den ersten Wochen sehr ungewohnt sein.

Viele laufende Kosten entfielen für Sie auf dem Schiff: Miete, Strom, Wasser, Telefon, Internet, Handy und Versicherungen sind nur einige Beispiele. Auch notwendige Lebenshaltungskosten für Essen, Getränke und Kosmetika sind mit einzuplanen. Diese Kosten fielen an Bord zwar auch an, waren jedoch größtenteils erheblich geringer. An Land wird Ihnen erst einmal alles unverhältnismäßig teuer erscheinen.

Wieder im Alltag angekommen, finden Sie das Freizeitangebot auch nicht mehr „gleich um die Ecke“. Ihre Freunde wohnen nicht im unmittelbaren Umfeld. Bars und Restaurants sind nicht immer zu Fuß zu erreichen. Besuche bei der Kosmetikerin, beim Friseur oder Massagen sind häufig Tage im Voraus von Ihnen zu planen. Das alles ist auf einem Kreuzfahrtschiff ganz anders. Kurze Wege bedeuten einen höheren Grad an Flexibilität und sparen Ihnen Zeit. Und wenn an Bord Langeweile aufkommt, so bleiben Ihnen immer noch die verschiedenen Häfen, deren Sehenswürdigkeiten in freien Stunden entdeckt werden können.

7.2 Raus aus dem Alltag – rein ins Leben

Die Zeit, um wieder Fuß zu fassen, sollten Sie sich in jedem Fall nehmen. Sobald Sie auch mit dem Kopf wieder angekommen sind, erscheint die Zeit und das Leben an Bord schnell unnatürlich weit weg.

Alltag muss aber auch nicht Trott und Langeweile bedeuten. Das Leben an Land bietet spannende Seiten, die es wiederzuentdecken gilt. Ein gutes Mittel können Fortbildungsmaßnahmen sein. Private und berufliche Weiterbildung sind Möglichkeiten, die von jedem genutzt werden können.

Organisatorische Aufgaben nach der Rückkehr

Ist der Entschluss gefasst, nicht an Bord zurückzukehren, müssen Sie einige Dinge organisieren. Haben Sie vor der Zeit an Bord Ihre Wohnung, den Telefonanschluss und den Handyvertrag gekündigt, geht es nun daran, sich diese lebensnotwendigen Dinge wieder zu beschaffen.

Versicherungen

Der deutschsprachige Versicherungsmarkt umfasst so viele Angebote, dass auch hier ein Vergleich und sorgsame Überlegungen ratsam sind. Welche Versicherungen Sie wirklich brauchen, lässt sich nicht immer leicht ermitteln. Die wirklich wichtigen Leistungen werden jedoch häufig vergessen.

Eine bestehende Krankenversicherung gehört zu den wichtigen Dingen, die jeder Mensch haben sollte. Es wird unterschieden zwischen der gesetzlichen und der privaten Krankenversicherung. Welche Krankenkasse Ihnen die optimalen Leistungen bietet und welcher Versicherungsumfang für einen fairen Beitragssatz zu bekommen ist, hängt von Ihren eigenen Lebensumständen ab. Der Beitrag variiert von Einkommen zu Einkommen und wird zudem vom Wohnort und Leistungsumfang beeinflusst.

Die Haftpflichtversicherung zum Beispiel tritt dann ein, wenn Sie selber, sofern Sie nicht vorsätzlich oder grob fahrlässig gehandelt haben, anderen Personen einen Schaden zufügen. Spätestens wenn es sich um hohe Geldbeträge handelt, wie im Rahmen eines Autounfalls, werden Sie dankbar sein, eine Haftpflichtversicherung abgeschlossen zu haben.

Auch eine Unfall- und eine Berufsunfähigkeitsversicherung sind ihr Geld wert, nicht nur an Land, sondern auch vor allem für die Zeit an Bord. Zu schnell gerät man in Situationen, die die eigene Berufsfähigkeit vielleicht über Jahre oder Jahrzehnte hinweg gefährden könnten. Die Berufsunfähigkeitsversicherung ermöglicht Ihnen dann, die notwendigen Lebenshaltungskosten zu tragen und sich den neuen Gegebenheiten anzupassen.

Arbeitslosengeld

Für die Dauer der Nichtbeschäftigung können Sie Arbeitslosengeld beantragen.

Das Arbeitslosengeld ist bei der Bundesagentur für Arbeit zu beantragen. Voraussetzung für den Bezug ist generell, dass Sie tatsächlich arbeitslos sind. Außerdem muss die Erfüllung einer gewissen Anwartschaftszeit vorliegen, und Sie müssen sich bei der Agentur persönlich arbeitslos melden. Der einzureichende Antrag bedarf der Schriftform.

Ob die Bundesagentur für Arbeit finanzielle Unterstützung leisten kann, hängt von den jeweiligen Lebensumständen und persönlichen Verhältnissen des Arbeitslosen ab. Eine allgemeingültige Aussage kann an dieser Stelle nicht getroffen werden. Ein persönlicher Besuch bei der zuständigen Behörde vor Ort bringt Ihnen Klarheit über das Verfahren und die Zahlungsvoraussetzungen. Genauere Hinweise bietet auch die offizielle Internetseite. Unter *www.arbeitsagentur.de* erfahren Sie, welche Agentur in Deutschland für Sie zuständig ist.

Liegt Ihr Wohnsitz in Österreich, kontaktieren Sie als Arbeitsloser den ansässigen Arbeitsmarktservice. Die nationale Homepage des Arbeitsmarktservice lautet: *www.ams.at.*

In der Schweiz wenden Sie sich direkt an die örtlich zuständige Gemeinde (Wohnsitzgemeinde) oder an das Regionale Arbeitsvermittlungszentrum (RAV). Zahlreiche Informationen hierzu finden Sie auf der Internetseite *www.treffpunkt-arbeit.ch.*

Der Anspruch auf Arbeitslosenunterstützung sollte in allen drei Ländern umgehend geltend gemacht werden. Daher ist schnelles Handeln erforderlich. Die persönliche Kontaktaufnahme ist generell unumgänglich.

8. Weiterbeschäftigung / Ausbildung / Weiterbildung

8.1 Weiterbeschäftigung auf dem Schiff

Wenn es Ihnen an Bord gefallen hat und auch die Reederei mit Ihrer Arbeit zufrieden war, ist es im Interesse beider Seiten, einen weiteren Vertrag zu unterzeichnen.

Die Handhabung eines Ausstieges und die Festlegung des Wiedereinstieges werden von Reederei zu Reederei unterschiedlich gehandhabt.

Meist wird die Reederei Ihnen bereits beim Ausstieg ein Datum und Schiff für Ihren Wiedereinstieg nennen und evtl. auch schon einen Vertrag aushändigen.

Oder aber sie schickt den Vertrag in der ersten Woche Ihres Urlaubs zu Ihnen nach Hause. So können Sie Ihren Urlaub genießen und wissen genau, wann Sie wo wieder einsteigen.

Ein Wiedereinstieg kann durchaus sinnvoll sein, da es zum Beispiel Reedereien gibt, die einen Return-Bonus zahlen und die Kosten für das STCW (Basic Safety Training) erstatten. Zudem kommen Sie an Bord und kennen sich gleich aus, haben es also viel einfacher als beim ersten Vertrag.

Eine kontinuierliche Beschäftigung bei einer Reederei zeugt von Zuverlässigkeit und Loyalität und ermöglicht Ihnen in der Regel eine Beförderung und gute Karrierechancen an Bord.

8.2 Ausbildung

In diesem Kapitel werden die gängigsten Ausbildungsmöglichkeiten vorgestellt, die für ein zukünftiges Arbeitsverhältnis an Bord interessant sein können. Der Hotelbereich auf einem Kreuzfahrtschiff stellt die höchste Anzahl an Mitarbeitern. Deshalb wird im Folgenden mit der Auflistung von Einsatzgebieten in den Bereichen Hotel und Gastronomie begonnen.

Den Anfang machen die möglichen Ausbildungsbereiche. Es folgen weitere Qualifizierungsmaßnahmen wie berufsspezifische Schulen und Studien.

Welche Ausbildungsberufe gibt es?

Auf diesen Seiten erfährt man mehr:

Bundesministerium für Wirtschaft und Technologie (BMWi): www.bmwi.de/BMWi/Navigation/Ausbildung-und-Beruf/ausbildungsberufe.html

Bundesinstitut für Berufsbildung: www.bibb.de/de/26171.htm

AusbildungPlus: www.ausbildung-plus.de

Lehrstellenbörsen im Internet

Deutschland

Bundesagentur für Arbeit: www.jobboerse.arbeitsagentur.de

Lehrstellenbörse der IHK: www.ihk-lehrstellenboerse.de

Lehrstellenbörse: www.lehrstellen-boerse.com

AUBI-plus: www.aubi-plus.de

Österreich:

Lehrstellenbörse: www.ams.at/lehrstellen

Bildungsinsel Lehrberuf: www.lehrberuf.info

Schweiz:

Lehrstellenbörse/Praktikabörse: www.lehrstellenboerse.ch

Berufsbildung: www.berufsbildung.ch

Hotellerie

Das Angebot der einzelnen Lehranstalten ist zum Teil sehr vielseitig, und die Unterschiede zwischen den Schulen sind ebenfalls sehr groß. Wir verzichten an dieser Stelle auf eine detaillierte Beschreibung der jeweiligen Programme. Jede Schule hat ihre eigenen Vorzüge, und generelle Aussagen können nicht getroffen werden. Die Unterrichtsformen variieren unter anderem in ihrer Dauer, ihrem möglichen Abschluss und im Schwierigkeitsgrad des vermittelten Lernstoffs.

Mögliche Abschlüsse bei erfolgreich bestandener Prüfung sind zum Beispiel:

- Hotel- und Gastgewerbeassistent
- Hotelkaufmann
- Koch
- Restaurantfachmann
- Staatlich geprüfter Hotel- und Gaststättenbetriebswirt
- Staatlich geprüfter Gastronom
- Staatlich geprüfter Betriebswirt für Hotel- und Gaststättengewerbe
- Staatlich geprüfter Assistent/in für Hotelmanagement
- Touristikassistent
- Hotelfachmann
- Fachmann für Systemgastronomie

Die einzelnen Berufsausbildungen variieren in ihrer Dauer, ihrem Einstiegsgehalt, der Berufsschulform und den erforderlichen Voraussetzungen. Fortbildungsmöglichkeiten sind hingegen je nach Interesse und Qualifikation des Auszubildenden miteinander kombinierbar. So ist zum Beispiel der Weg zum Fachwirt im Gastgewerbe über die Ausbildung zum Koch, aber auch mit der Ausbildung zum Restaurantfachmann möglich. Dies erleichtert die Wahl des Ausbildungsplatzes, da zukünftige Berufswünsche auch später noch realisiert werden können und die Karriereplanung mit der Zeit noch veränderbar bleibt.

Für die verschiedenen Ausbildungstypen gibt es generell unterschiedliche Berufsaussichten. Die Ausbildung zur Fachkraft im Gastgewerbe ist zum Beispiel eine sinnvolle Wahl für diejenigen, die sich erst einmal mit der Hotel- und Gastronomiebranche vertraut machen wollen. Für diese Berufsausbildung sind lediglich zwei Jahre einzuplanen, in denen in die wichtigsten Aufgabenbereiche der Gastronomie Einblick gewährt wird. Die Ausbildung zum Restaurant- oder Hotelfachmann kann dann im Anschluss absolviert werden.

Die Ausbildung zum *Koch* kann der erste Schritt auf dem Weg zum Küchendirektor, F&B Manager oder auch Spezialkoch sein. Spezielle Fortbildungsmöglichkeiten sind hierfür zum Beispiel die Weiterbildung zum Diätkoch, zum Fachwirt im Gastgewerbe oder zum Küchenmeister. Diese Prüfungen werden bei der Industrie- und Handelskammer abgenommen. Der Weg in die Selbstständigkeit ist mit der Ausbildung zum Koch auch eine Möglichkeit.

In diesem Buch wurde eine kleine Auswahl an Hotelfachschulen in Deutschland, Österreich und der Schweiz getroffen. Die Institutionen sowie ihre Kontaktdaten befinden sich der Übersichtlichkeit halber im Anhang.

Eine Liste der deutschen Schulen finden Sie auf der Homepage der DEHOGA (Deutscher Hotel- und Gaststättenverband). Unter *www.dehoga-bundesverband.de* werden einige der im Anhang aufgeführten Lehranstalten ebenfalls erwähnt.

Eine Auflistung der Hotelfachschulen in Österreich befindet sich im Anhang. Über die Internetadresse der Wirtschaftskammer Österreich http://portal.wko.at/wk/startseite.wk gelangt man außerdem zur Homepage des österreichischen Fachverbandes Hotellerie.

Die für die Schweiz genannten Institutionen gehören teilweise der Swiss Hotel Schools Association (Verein Schweizerischer Hotelfachschulen) an. Ein Besuch der vereinseigenen Homepage verschafft einige Vorabinformationen, die für das weitere Bewerbungsverfahren von Nutzen sein könnten: *www.aseh.ch*.

Sollte in dieser umfangreichen Aufzählung immer noch nicht das Richtige für Sie dabei sein, ist das Internetportal *www.hotel-school-finder.com* ein sehr nützlicher Tipp. Diese Internetsuchmaschine findet für den Benutzer nicht nur Hotelfachschulen in den deutschsprachigen Ländern, sondern bietet eine weltweite Auswahl. Internate, Sprachschulen und andere Bildungsprogramme im internationalen Rahmen können dort ebenfalls gefunden werden.

8.3 Tourismusstudium

Es gibt viele Menschen, die die Arbeit auf einem Kreuzfahrtschiff zu ihrem Lebensinhalt machen. Für die meisten ist ein solcher Einsatz jedoch nur ein Teil des Lebenslaufs. Was häufig übersehen wird, ist die Tatsache, dass die Kreuzfahrtbranche nicht nur aus den Schiffen besteht. Der reibungslose Ablauf bedarf auch einer präzisen Organisation durch die verschiedensten Unternehmen an Land. Dazu gehören die Kreuzfahrtveranstalter mit ihren Unternehmenszentralen, Schiffszulieferer, Hafenbehörden, so genannte Incoming Agencies, Recruiting-Agenturen und Reisebüros, um nur einige im riesigen Netzwerk der Kreuzfahrtbranche zu nennen.

An dieser Stelle sollen nun einige Möglichkeiten präsentiert werden, wie Sie sich durch ein Studium in der Kreuzfahrtbranche positionieren und entwickeln können.

Cruise Industry Management an der Hochschule Bremerhaven

Bremerhaven ist einer der wichtigsten Kreuzfahrthäfen in Deutschland. Das Columbus Cruise Center ist eines der modernsten Kreuzfahrtterminals weltweit. Jährlich wird es von zahlreichen Schiffen unterschiedlicher Reedereien angelaufen, und tausende Passagiere beginnen hier ihre Kreuzfahrt.

Darüber hinaus machen das Alfred-Wegener-Institut und die Hochschule Bremerhaven, die in der Stadt angesiedelt sind, deutlich, welchen Stellenwert Bildung und Forschung an diesem Standort haben.

Ideale Voraussetzungen also für einen innovativen Studiengang, der sich dem Kreuzfahrttourismus widmet. Das hat die Hochschule Bremerhaven erkannt und den Studiengang „Cruise Industry Management“ (CIM) in Zusammenarbeit mit Unternehmen der Kreuzfahrtbranche ins Leben gerufen.

CIM bildet Führungsnachwuchs für die Tourismus- und Kreuzfahrtbranche aus. Spätere Einsatzbereiche können im In- und Ausland in kaufmännischen, planerischen und koordinierenden Funktionen gefunden werden. Potenzielle Arbeitgeber sind in erster Linie Kreuzfahrtveranstalter und deren Zulieferer.

Der Studiengang Cruise Industry Management wurde trotz seines erst kurzen Bestehens schon mehrfach mit Preisen ausgezeichnet, unter anderem vom Stifterverband für die deutsche Wirtschaft und vom Centrum für Hochschulentwicklung (CHE).

Wer sich für ein CIM-Studium entscheidet, den erwartet eine persönliche Atmosphäre mit nur 40 Studierenden pro Jahrgang. Der Abschluss „Bachelor of Arts“ (BA) kann in einer dreijährigen oder vierjährigen (ICIM) Studienvariante erreicht werden. Ein Betriebspraktikum und ein Auslandssemester (nur bei der vierjährigen Variante) sind im Lehrplan vorgeschrieben.

Die Vorlesungen finden zu etwa 70 Prozent in englischer Sprache statt. Dies qualifiziert zusätzlich für den internationalen Arbeitsmarkt.

Was Sie über CIM wissen sollten

- Mehrfach ausgezeichneter Studiengang
- Wahlweise drei oder vier Jahre Vollzeitstudium
- Abschluss mit dem Bachelor of Arts (BA)
- Beschränkung auf 40 Studienplätze pro Jahr
- Unterrichtssprachen Englisch (70 %) und Deutsch
- Auslandssemester bei vierjähriger Studiengangsvariante
- Drei bis sechs Monate (see-)touristisches Betriebspraktikum

Um den vielseitigen Herausforderungen, die der Arbeitsmarkt an junge Hochschul-Absolventen stellt, gerecht zu werden, geht der Lehrplan weit über das Thema Kreuzfahrt hinaus. Fächer aus dem Bereich „Business und Management" bilden die Grundlagen. Ergänzend dazu werden Vorlesungen aus dem Bereich Touristik und Kreuzfahrt angeboten. Zusätzliche Kurse, die das bereits Erlernte noch weiter vertiefen, runden das Studium ab.

Die folgende Tabelle gibt einen ersten Überblick über das Fächerangebot. Die Bezeichnungen entsprechen der Unterrichtssprache.

Business and Management	Tourism and Cruises	Complementary Contents
Financial Accounting	Tourism Management	Business Mathematics
Controlling	Cruise Industry Mgmt.	Statistics
Financial Management	Hotel- und Restaurant Mgmt.	Recht
Human Resource Mgmt.	Tour Operations und Travel Distribution	Fremdsprachen
Marketing	Event Management	Routenplanung
Service Operations Mgmt.		Cruise Ship Design und Technology
Strategic Management		Maritime Economics und Logistics
International Management		Information Systems

Die dreijährige Studiengangsvariante wird meist von Studenten gewählt, die schnell in das Berufsleben einsteigen möchten oder schon Berufserfahrungen haben. Sie beinhaltet lediglich ein dreimonatiges Betriebspraktikum, das zum Ende des vierten Semesters absolviert wird.

Bei der vierjährigen Variante sind ein sechsmonatiges Betriebspraktikum sowie ein Semester an einer ausländischen Hochschule zu absolvieren. Der Studiengang kooperiert mit zahlreichen Hochschulen im Ausland, außerdem besteht Kontakt zu vielen Reedereien, die regelmäßig Praktikanten aufnehmen.

	CIM	ICIM
Bachelor	Bachelor of Arts nach drei Jahren 180 Credit Points Drei Monate Praktikum	Bachelor of Arts nach vier Jahren 240 Credit Points Sechs Monate Praktikum Auslandssemester

Zulassungsvoraussetzung für CIM ist die allgemeine oder fachgebundene Hochschulreife. Das Immatrikulationsamt der Hochschule Bremerhaven steht für Fragen nach den Bedingungen für Sonderzulassungen und der Anerkennung ausländischer Schulabschlüsse zur Verfügung. Weitere Voraussetzung ist der Nachweis deutscher und englischer Sprachkenntnisse in Form eines Sprachzertifikats, zum Beispiel IELTS oder TOEFL auf Niveau C1, wenn diese nicht die Muttersprache sind.

Da der Studiengang zulassungsbeschränkt ist, wird ein Auswahlverfahren anhand der Durchschnittsnote der Hochschulzugangsberechtigung durchgeführt. Liegt das Abitur längere Zeit zurück, so wird auch die Wartezeit berücksichtigt. Aktuelle Bewerbungsfristen werden auf den genannten Websites bekannt gegeben.[21]

Weitere umfangreiche Informationen zu den Studiengängen CIM und ICIM sind auf der Homepage *www.cim.hs-bremerhaven.de* zu finden.

21 www.cim.hs-bremerhaven.de.

Schiffsbetriebstechnik

An der Hochschule Bremerhaven wird nicht nur Touristik angeboten, sondern auch der Studiengang Schiffsbetriebstechnik (SBT). Das ist eine weitere Ausbildungsvariante mit direktem Bezug zur Seefahrt. Im Gegensatz zu CIM, das sich mit Wirtschafts-, Service- und Managementthemen befasst, ist SBT ein Ingenieursstudiengang.

Zu den Studieninhalten gehören unter anderem Physik, Chemie, Elektrotechnik, Werkstofftechnik, Strömungslehre, Maschinendynamik, Elektrische Maschinen und Anlagen sowie Recht, Betriebswirtschaftslehre und Englisch. Die Regelstudienzeit beträgt acht Semester. Zwei Praxissemester sind in diesen Zeitraum mit eingerechnet.

Als Diplom-Ingenieur für Schiffsbetriebstechnik können Absolventen als Schiffsingenieur auf Schiffen aller Art anheuern. Man findet jedoch auch Jobangebote bei Reedereien an Land, in Werften, Kraftwerken oder Behörden. Die Aufgabengebiete umfassen dabei das Betreiben, Projektieren, Planen, Bauen, Überwachen, Prüfen und Unterhalten von kompletten Anlagen auf Schiffen und in Landbetrieben.[22] Die Nachfrage nach SBT-Absolventen ist momentan gewaltig, und der Nachwuchs ist stark gefragt.

Kreuzfahrtreedereien machen hier nur einen geringen Teil der potenziellen Arbeitgeber aus. Nicht nur die Kreuzfahrt, die gesamte Seefahrt boomt. Studienbewerber sollten sich daher nicht für den Beruf als Schiffsingenieur entscheiden, weil sie auf einem Kreuzfahrtschiff arbeiten möchten, sondern weil die Arbeit als Schiffbetriebstechniker *an sich* ihren Fähigkeiten und Vorstellungen entspricht. Hierzu gehört auch, dass man sich selbst in höheren Positionen die Hände schmutzig machen wird und mit anpackt. Auch Frauen sind in diesem Bereich gern gesehen. Dabei ist körperliche Kraft keine Bedingung. Man sollte jedoch bedenken, dass man sich momentan noch in einer Männerdomäne bewegt.

Wer als Schiffsingenieur auf einem Kreuzfahrtschiff arbeitet, wird sich die meiste Zeit im Bauch des Schiffes aufhalten und wird nicht das Image des Nautikers „in Weiß“ pflegen können. Dennoch ist der Umgang mit dem Gast nicht ganz ausgeschlossen. Für diejenigen, die bewusst nach der Mischung aus Gästekontakt und Technik suchen, bietet der Studiengang SBT eine hervorragende Grundlage für einen Beruf mit Zukunft.

Ausführliche Informationen zu Zulassungsvoraussetzungen, erforderlichen Vorkenntnissen und Praktika, Stundenplänen, Ansprechpartnern und Berufsperspektiven sowie ein Link zur Homepage des Studiengangs finden Sie auf *http://www.hs-bremerhaven.de/Schiffsbetriebstechnik.html.*

---

22 Hochschule Bremerhaven, Studiengang Schiffsbetriebstechnik SBT, Informationen für Studienanfänger, Stand 11/08.

Kontakt Hochschule:

Hochschule Bremerhaven

Hochschule Bremerhaven:	www.hs-bremerhaven.de
Studiengang CIM:	www.cim.hs-bremerhaven.de
Institut für Maritimen Tourismus:	www.imt.hs-bremerhaven.de
Studiengang SBT:	www.hs-bremerhaven.de/Schiffsbetriebstechnik.html

Zentrale Studienberatung
Telefon +49 (0)471-4823-556
Fax +49 (0)471-4823-555
info@hs-bremerhaven.de

Nautik

Das Fachhochschulstudium Nautik in Elsfleth richtet sich an Menschen, die sich für das Führen von Schiffen interessieren, und bildet diese aus. Das Studium enthält neben seemännischen Fächern auch naturwissenschaftliche, juristische und betriebswirtschaftliche Schwerpunkte und führt neben dem Befähigungszeugnis als Wachoffizier zum akademischen Abschluss Bachelor of Science (B.Sc.).Das Studium dauert acht Semester und ist unterteilt in ein dreisemestriges Grundlagenstudium und ein anschließendes Hauptstudium.[23]

Weitere Informationen über das Nautikstudium erhalten Sie auf: *http://www.fh-oow.de/fbs/*

Institut für Maritimen Tourismus (IMT)

Neben dem Studiengang Cruise Industry Management bietet die Hochschule Bremerhaven mit dem Institut für Maritimen Tourismus eine weitere Bildungsmöglichkeit innerhalb der Tourismus- und Kreuzfahrtbranche an. Es wurde 2005 gegründet und ist neben der Weiterbildung auch in der tourismusbezogenen Forschungs- und Entwicklungsarbeit aktiv. Der Hauptfokus liegt hierbei auf maritimem Tourismus.[24]

23 http://www.fh-oow.de/fbs/.
24 http://www.imt.hs-bremerhaven.de/internet/index_db.php?g_id=1&s_id=164&lang=de.

Regelmäßig werden Veranstaltungen zur touristischen und tourismusnahen Weiterbildung angeboten. Das Angebot richtet sich hauptsächlich an Einsteiger, Touristiker, Reisebüros, Reise- und Kreuzfahrtveranstalter sowie an Gastronomen, die ihre Chancen in einer sich ständig wandelnden Reisebranche nutzen möchten.[25]

Das regelmäßig wechselnde Programm bietet unter anderem Themen wie Grundlagen des Tourismus und der Kreuzfahrt, Trainings für angehende Reiseleiter, Qualifizierungen zum (Service-)Qualitätsmanager sowie Tagesseminare über Expeditionskreuzfahrten und Konfliktmanagement. Das aktuelle Veranstaltungsprogramm, weitere Informationen zu den Inhalten und Kontaktdaten können Sie auf der Homepage des IMT unter *www.imt.hs-bremerhaven.de* einsehen.

8.4 Weiterbeschäftigung an Land

Die Fragen, die für die Arbeitssuche vor dem Einstieg galten, werden nun für die Jobsuche an Land auch wieder aktuell. Welcher Beruf passt zu Ihren Qualifikationen, Fähigkeiten und Interessen? Gibt es die Möglichkeit, Ihre an Bord erlernten Fähigkeiten weiterhin einzusetzen? Können Sie sich auf eine Position bewerben, die der auf dem Schiff gleichgestellt ist?

Diese Fragen sollen in dem folgenden Kapitel beantwortet werden. Eine universelle Antwort, die auf alle Arbeitsbereiche und Gegebenheiten zutrifft, gibt es jedoch nicht. Der Grund hierfür sind die unzähligen Arbeitsbereiche auf einem Kreuzfahrtschiff, die man an Land unter Umständen so nicht vorfinden wird. Nicht alle Crew-Mitglieder arbeiten später in dem gleichen Industriezweig weiter.

Jedoch sind die Beschäftigungsmöglichkeiten nach einem Einsatz an Bord genauso vielfältig. Nach einer gewissen Zeit sich erneut an Bord zu verpflichten ist eine Alternative, allerdings bieten auch Bereiche an Land und sogar in der Luft, zum Beispiel als Flugbegleiter, die Möglichkeit, die an Bord erworbenen Kenntnisse sinnvoll weiterzunutzen. Es gibt viele berufliche Wege, und vielleicht kommt der eine oder andere auf dem Schiff mit Aufgaben in Kontakt, die ihn langfristig herausfordern.

Dazu könnten eventuell interkulturelle Aspekte zählen, die immer wieder an Bord auftauchen und das Personal herausfordern. Die verschiedenen Häfen, unterschiedliche Nationalitäten und der Umgang mit fremden Kulturen fördern gegenseitiges Verständnis und Offenheit. Diese Einstellung kann für eine Arbeitsstelle oder Studienrichtung, die sich mit den diversen Kulturen und Mentalitäten beschäftigt, sehr hilfreich sein.

25 Ebenda.

Eine sehr untypische, aber durchaus nachvollziehbare Tätigkeit wäre selbst im Bereich Umweltschutz denkbar. Auf dem Schiff ist jeder stets der enormen Gewalt der Natur ausgesetzt. Sobald Sie sich dies bewusst machen, erhalten Sie einen Eindruck über die Gefahren, denen Menschen, Tiere und Pflanzen im und am Meer ausgesetzt sind.

Die Liste der Arbeitsbereiche ist sichtlich sehr breit gefächert. Nutzen Sie diesen Umstand und halten Sie Augen und Ohren offen, um auch neue Wege zu beschreiten.

Zurück an Bord

Connect Worldwide Recruiting Agency

Die Entscheidung, wieder an Land zu gehen und ein geregeltes Leben zu führen, fällt nicht immer leicht. Eine Möglichkeit, weiterhin auf einem Schiff zu arbeiten, bietet die *Connect Worldwide Recruiting Agency.* Wie bereits erwähnt, ist diese Agentur seit nun mehr als zwölf Jahren die einzige Personalvermittlung innerhalb Deutschlands, die sich auf die Vermittlung von Arbeitskräften in der Kreuzfahrtindustrie spezialisiert hat.[26]

Falls Sie nicht bereits in der Datenbank sind, nutzen Sie die Gelegenheit, sich auf der Homepage *www.connectjobs.de* zu informieren, oder nehmen Sie direkt mit der Agentur Connect Kontakt auf.

CONNECT – Worldwide Recruiting Agency
Barkhausenstr. 4
D-27568 Bremerhaven
Tel.: +49 471 92 68 97 30
Fax: +49 471 92 68 97 10
E-Mail: *dfahr@connectjobs.de*

Ihnen wird bei der Weiter- und Wiedervermittlung geholfen, und der Traum kann weitergelebt werden.

26 http://www.connectjobs.de/index.php?art=4.

Positionen an Land

Crew-Mitglieder müssen sich je nach erlerntem oder ausgeübtem Beruf unterschiedlichen Herausforderungen bei der Jobsuche stellen. Einige Schiffspositionen werden an Land gar nicht zu finden sein. Berufe wie Purser, Kapitän, Cruise Director, Chefsteward oder Sicherheitsoffizier sind naturgemäß dem Schiffsbetrieb vorbehalten.

Demgegenüber stehen alle Berufe, die auch an Land häufig zu finden sind: Kellner, Reinigungskräfte, Kassierer und Verkäufer werden weltweit und täglich gesucht. Nun stellt sich die Frage, ob Menschen, die ihre beruflichen Erfahrungen auf einem Kreuzfahrtschiff gesammelt haben, leichter oder schwerer eine Anstellung an Land finden.

Einige Qualifikationen sind notwendig, damit die Arbeitsabläufe an Bord reibungslos stattfinden können. An Bord eines internationalen Kreuzfahrtschiffes ist das Beherrschen von verschiedenen Sprachen vorteilhaft, der perfekte Umgang mit der englischen Sprache unentbehrlich. An Land sind Fremdsprachenkenntnisse nur bedingt notwendig. Hierbei kommt es selbstverständlich auf die Lage, das Angebot und den Kundenstamm des Arbeitgebers an.

Generell lässt sich sagen, dass Unternehmen motivierte, erfahrene und fachkundige Mitarbeiter suchen. Wo diese ihre Fähigkeiten und Erfahrungen erworben haben, sollte dabei keine große Rolle spielen. Gutes Personal sagt viel über die Qualität des Beherbergungsunternehmens aus. Nimmt man ein Hotel als Beispiel, benötigt man Mitarbeiter, die, je nach Hotelstandard und -klasse, den bestmöglichen Service leisten können. Diese sollten durch ein hohes Maß an Flexibilität, Vielseitigkeit und Engagement überzeugen. Angestellte der Rezeption, Weinstewards und Köche zählen zu den Beschäftigten, die an Bord oftmals spezielle Kenntnisse erworben haben. Sie können sich in einem Hotelbetrieb sehr gut einfügen.

Es bleiben also nun noch die sonstigen Berufsgruppen, die wahrscheinlich keine Schwierigkeiten haben werden, auch an Land eine geeignete Stelle zu bekommen. Friseure, Masseure, Kosmetiker, Ärzte, Fotografen und Musiker werden in den von ihnen erlernten Berufen ohne Weiteres weiterarbeiten können. Fachkräfte werden in fast jeder Branche gesucht, und teilweise eignen sich diese Berufsbilder hervorragend als Basis zur Selbstständigkeit.

Welche Tätigkeit aber auch angestrebt wird, einige Voraussetzungen sind in jedem Betrieb gleich. Volle Einsatzbereitschaft, freundliches Verhalten gegenüber dem Kunden und Loyalität sind Verhaltensweisen und Charaktereigenschaften, die von jedem Arbeitgeber geschätzt werden.

8.5 Bericht des Kreuzfahrtexperten Herrn Ben Wolber

Ben Wolber, Director of Fleet Purchasing, Oceania Cruises

In die Kreuzfahrtbrache bin ich – eher durch Zufall – im Alter von 22 Jahren geraten. Mein Einstieg begann im Rahmen des zweiten praktischen Semesters meines Studiums an der Fachhochschule München. Ich hatte bei Hapag-Lloyd Kreuzfahrten die Möglichkeit, in der damals so genannten Hotelinspektion die Gestaltung des gastronomischen Programms an Bord sowie die Beschaffung von Waren und der weltweiten Logistik kennenzulernen. Für mich hat sich damals eine faszinierende, neue und ganz andere Welt aufgetan. So bin ich auch in den folgenden vier Jahren der Firma treu geblieben. Zuerst war ich als Urlaubsvertretung während der letzten zwei Semester meines Studiums tätig. Dann arbeitete ich als Mitarbeiter in der Einkaufsabteilung und später als Provision Master und Hotel Inventory Controller an Bord.

Danach folgte eine klassische Kreuzfahrtschiffkarriere bei mehreren internationalen Anbietern. Ich war auf verschiedenen Schiffen als Hotel Stores Manager, Food & Beverage Manager und schließlich als Hotel Manager angestellt. Dabei habe ich viele Häfen auf allen Kontinenten sehen dürfen, habe aber auch den oftmals harten Bordalltag kennengelernt. Weit entfernt von Familie und alten Freunden ist man insbesondere in höheren Positionen in vielen Situationen auf sich alleine gestellt und arbeitet dazu noch erheblich mehr als in vergleichbaren Jobs an Land. Dennoch sind die Jahre auf den Schiffen eine Zeit, die ich heute nicht missen möchte.

Für viele Mitarbeiter an Bord ist es oftmals schwierig, an Land wieder Fuß zu fassen. Ich hatte das Glück, eine Position als Finanzcontroller in der Zentrale angeboten zu bekommen. Einige Zeit später entschloss ich mich für den Weg in die Selbstständigkeit. Im Rahmen ebendieser Tätigkeit hat sich meine heutige Position aus einem Beratungsauftrag ergeben. Dies ist wieder ein Beispiel dafür, dass die Branche mehr bietet als nur eine Karriere an Bord.

Aus meiner eigenen Laufbahn habe ich gelernt, dass sich eine Karriere eigentlich nicht planen lässt – sie wird bestimmt durch Zufälle und Möglichkeiten, die sich oftmals beiläufig ergeben. So sind genaue Vorstellungen darüber, wo man in zehn Jahren stehen möchte, nicht so wichtig, wie die Augen offen zu halten: nach Abzweigungen vom vorgezeichneten Weg. Es gilt, Chancen zu erkennen und zu nutzen. Dabei muss man Risiken eingehen, und auch Scheitern ist erlaubt. Man muss nur einmal öfter aufstehen, als man hingefallen ist.

In den nächsten Jahren wird eine Vielzahl von neuen und zusätzlichen Schiffen auf den Markt kommen. Das bedeutet, die Branche benötigt auch eine große Menge zusätzlicher Mitarbeiter sowohl an Bord als auch an Land, um diese Schiffe betreiben zu können.

Diese rasante Entwicklung der Kreuzfahrtbranche ist eine Chance für all jene, die gerne mit Menschen arbeiten, die Interesse an anderen Kulturen haben und das Leben als Abenteuer begreifen, die Verantwortung übernehmen und schnell aufsteigen möchten – die aber auch verstehen, dass harte und ausdauernde Arbeit dazugehört.

9. Adressverzeichnis

CONNECT – Worldwide Recruiting Agency
Time Port III
Barkhausenstr. 4
D-27568 Bremerhaven
Tel.: +49 471 92 68 97 30
Fax: +49 471 92 68 97 10
E-Mail: dfahr@connectjobs.de

9.1 Websites Reedereien

Abercrombie & Kent
www.abercrombiekent.com

AIDA
www.aida.de

Apollo
www.theapollogroup.com

Antarctica Shipping
www.antarctic.cl/web

Carnival Cruise Lines
www.carnival.com
www.carnivalcruise.de

Celebrity Cruises
www.celebritycruises.com

Classic Int. Cruises
www.cic-cruises.com

Club Med
www.clubmed.de

Costa Crociere S.p.A.
www.costakreuzfahrten.de

Crystal Cruises
www.crystalcruises.com

CSM
www.csm-d.com

Cunard Line
www.cunard.co.uk

Delphin Kreuzfahrten GmbH
www.delphinvoyager.de

Discovery Cruise Lines
www.discoverycruiseline.com

Disney Cruise Line
disneycruise.disney.go.com

EasyCruise
www.info.easycruise.com

Fred Olsen Cruise Lines
www.fredolsencruises.com

FTI Cruises
www.fti-cruises.com

GCT Cruises
www.gct.com

Hansa Kreuzfahrten GmbH
www.hansatouristik.de

Hapag Lloyd Kreuzfahrten GmbH
www.hlkf.de

Holland America Line Inc.
www.hollandamerica.com

Hurtigruten GmbH
www.hurtigruten.de

Iberojet Cruceros
www.iberojet.es

Ligabue
www.ligabue.it

Louis Cruise Line
www.louiscruiselines.com

MSC Kreuzfahrten GmbH
www.msc-kreuzfahrten.de

Norwegian Cruise Line (NCL)
www.ncl.de

Oceania Cruises Inc.
www.oceaniacruises.com

Ocean Images Photography
www.ocean-images.com

Paul Gaugain Cruises
www.pgcruises.com

P & O Cruises Australian
www.pocruises.com.au

Peter Deilmann Reederei
www.deilmann.de

Phoenix Reisen
www.phoenixreisen.com

Plantours & Partner GmbH
www.plantours-partner.de

Pullmantur
http://www.pullmanturcruises.de/

Compagne du Ponant / Ponant Cruises
www.ponant.com

P&O Cruises
www.pocruises.com

Princess Cruises
www.princess.com

Quark Expeditions
www.quarkexpeditions.com

Regent Seven Seas Cruises
www.rssc.com

Residences at Sea / The World
www.residensea.com /
www.aboardtheworld.com

Royal Caribbean Cruise Line
www.royalcaribbean.com

Saga
www.travel.saga.co.uk

Sailing Classics
www.sailing-classics.com

Seabourn Cruise Line
www.seabourn.com

Sea Cloud Cruises GmbH
www.seacloud.com

Sea Travel HAM GmbH
www.seatravel.de

Seachefs
www.seachefs.com

SeaDream Yacht Club
www.seadreamyachtclub.com

Semester at Sea
www.semesteratsea.org

Silversea Cruises
www.silversea.com

Star Clippers
www.starclippers.com

Swan Hellenic
www.swanhellenic.com

Transocean Tours
www.transocean.de

TUI Cruises
www.tuicruises.com

Windstar Cruises
www.windstarcruises.com

9.2 Websites Flussreiseveranstalter

American Cruise Lines
www.americancruiselines.com

AMA Waterways
www.amawaterways.com

A-ROSA
www.a-rosa.de

Avalon Waterways
www.avalonwaterways.com

Grand Circle Cruise Line
www.gct.com

G&P Cruise Hotel Management GmbH
www.gsellundpartner.ch

Hansa Kreuzfahrten GmbH
www.hansatouristik.de

Nicko Tours GmbH
www.nicko-tours.de

Orient Express Trains & Cruises
www.orientlines.com

Phoenix Reisen
www.phoenixreisen.com

Plantours & Partner GmbH
www.plantours-partner.de

River Advice
www.riveradvice.com

Sea Cloud Cruises GmbH
www.seacloud.com

Sea Travel HAM GmbH
www.seatravel.de

Scylla AG
www.scylla-tours.com

Serenite River Cruises
www.serenite.com /
www.serenite-rivercruising.com

Transocean Tours
www.transocean.de

Victoria Cruises
www.victoriacruises.com

Viking Flusskreuzfahrten
www.vikingrivercruises.de

9.3 Websites Fährschiffreedereien mit Kreuzfahrtcharakter

Color Line GmbH
www.colorline.de

DFDS Seaways GmbH
www.dfds.de

Stena Line Scandinavia AB
www.stenaline.de

9.4 Hotelfachschulen Deutschland, Staatliche Hotelfachschulen

Ahaus: BELHOGA
www.bklm-ahaus.de

Bad Harzburg: Hotelfachschule Harz
www.hotelfachschule-harz.de

Bad Wörishofen:
Hotelfachschule Bad Wörishofen
www.hotelfachschule-bad-woerishofen.de

Berlin: Hotelfachschule Berlin
www.hotelfachschule-berlin.de

Bernkastel-Kues:
Hotelfachschule Bernkastel-Kues
www.hofa-bernkastel.de

Detmold: Felix-Fechenbach-Berufskolleg
www.hotelfachschule-lippe.de

Emden: BBS II
www.hotelfachschule.de

Fulda: Eduard-Stieler-Schule
www.hotelfachschule-fulda.de

Hamburg: Hotelfachschule Hamburg
www.hotelfachschule-hamburg.de

Hannover: Hotelfachschule
www.hotelfachschule-hannover.de

Heidelberg: Hotelfachschule Heidelberg
www.hotelfachschule-heidelberg.de

Koblenz: Fachschule für Hotelbetriebswirtschaft
www.hotelausbildung.de/koblenz.htm

Leipzig: Hotelfachschule Leipzig
www.susanna-eger-schule.de/FS.html

Lübeck: Carl-Friedrich-von-Rumohr
www.hotelfachschule-luebeck.de

Maikammer/Edenkoben:
Fachschule für Wirtschaft
www.hofa-suew.de

Marburg: Hotel- und Tourismusfachschule Marburg www.kks-marburg.de

Pirna: SRH Hotelfachschule Pirna
www.hotelfachschule.srh.de

Saarbrücken: Fachschule für das Hotel- und Gaststättengewerbe
www.tgbbz2-sb.de

9.5 Hotelfachschulen Deutschland, Private Hotelfachschulen

Bad Honnef: Internationale Fachhochschule Bad Honnef – Bonn
www.fhbadhonnef.de

Bad Reichenhall: Steigenberger Akademie GmbH
www.steigenberger-akademie.de

Dortmund: WIHOGA
www.wihoga.de

Dresden: HOGA Schloss Albrechtsberg
www.hoga-schloss-albrechtsberg.de

Erfurt: Hotelfachschule Erfurt
www.ergab.de

Garmisch-Partenkirchen:
Staatlich anerkannte private Fachschule
für das Hotel- und Gaststättengewerbe
www.hofa-garmisch.de

Pegnitz: Hotelfachschule Pegnitz
www.hofas-pegnitz.de

Stadthagen: Hotelfachschule Stadthagen
www.hotelfachschule-stadthagen.de

9.6 Tourismusschulen Österreich

Bad Gleichenberg:
Tourismusschule Bad Gleichenberg
www.tourismusschule.com

Bad Ischl: Tourismusschulen Salzkammergut
www.tourismusschulen-salzkammergut.at

Bad Leonfelden:
Tourismusschulen Bad Leonfelden
www.baletour.at

Innsbruck: Ausbildungszentrum für Tourismus „Villa Blanka"
www.villablanka.com

Innsbruck: Tourismuskolleg Innsbruck
www.tourismuskolleg.tsn.at

Krems: Tourismusschulen HLF-Krems
www.hlfkrems.ac.at

Retz: Höhere Bundeslehranstalt für Tourismus
www.hltretz.ac.at

Salzburg:
Institute of Tourism and Hotel Management
www.ith-salzburg.at

Salzburg: Tourismusschulen Salzburg
www.ts-salzburg.at

St. Pölten: Tourismusschule im WIFI
www.wifi-tours.at

Villach: Kärntner Tourismusschulen
www.kts-villach.at

Wien: Gastgewerbefachschule Wien
www.gafa.ac.at

9.7 Tourismusschulen Schweiz / Hotelfachschulen

Bellinzona:
Scuola superiore alberghiera e del turismo
www.ssat.ch

Brig: University Center „César Ritz"
www.ritz.edu

Caux/Leysin:
SHMS Swiss Hotel Management School
www.shms.com

Chur: SSTH Schweizerische Schule für Touristik und Hotellerie AG
www.ssth.ch

Clarens: Glion Institute of Higher Education Switzerland
www.glion.edu

Clarens: Les Roches International School of Hotel Management
www.lesroches.edu

Genève: École Hôtelière de Genève
www.ehg.ch

Lausanne: Ecole hôtelière de Lausanne
www.ehl.ch

Le Bouveret: Institut Hôtelier
„César Ritz“
www.ritz.edu

Luzern: Schweizerische Hotelfachschule Luzern
www.shl.ch

Montreux: HIM Hotel Institute Montreux
www.him.ch

Neuchâtel: IHTTI
School of Hotel Management
www.ihtti.com

Thun: Hotelfachschule Thun
www.hfthun.ch
Vitznau: DCT International Hotel & Business Management School
www.hotelschool.ch

Zürich: Belvoirpark
Hotelfachschule Zürich HF
www.belvoirpark.ch

10. Quellenverzeichnis

Association of Arctic Expedition Cruise Operators (2008. Abgerufen am 24. Januar 2012 von http://www.aeco.no/.

Aus- und Fortbildungszentrum Schifffahrt und Hafen (2008). Abgerufen am 2. Februar 2012 von http://afz-rostock.de.

Ausbildungsplätze 2007 / 2008. (2008). Abgerufen am 11. Februar 2008 von http://www.ihk-ausbildung.de/cgi-bin/lsb_text.cgi?S=XX&I=159.

Bezirksregierung Düsseldorf (2008). Abgerufen am 14. Januar 2008 von http://www.bezreg-duesseldorf.nrw.de/BezRegDdorf/hierarchie/index.php.

Bow, Sandra (2006). *Arbeiten auf Kreuzfahrtschiffen.* Freiburg: interconnections.

Bundesagentur für Arbeit (2008). Abgerufen am 11. Februar 2012 von http://infobub.arbeitsagentur.de/berufe/start?dest=profession&prof-id=6916.

Bundesamt für Seeschifffahrt und Hydrographie (2008). Abgerufen am 14. Januar 2008 von http://www.bsh.de/de/index.jsp.

Complete Guide to Cruising & Cruise Ships (2009). London: Berlitz Publishing.

Connect Worldwide Recruiting Agency (2012). Abgerufen am 16. Februar 2012 von http://www.connectjobs.de/index.php?art=4.

Cruise Industry Management (2008). Abgerufen am 16. Januar 2012 von http://cim.hs-bremerhaven.de.

Cruise Page (2006). Abgerufen am 8. Januar 2012 von http://www.cruiseserver.net/travelpage/other/new_build.asp.

Cruisetricks (2011). Abgerufen am 12. Januar 2012 von http://www.cruisetricks.de/neue-kreuzfahrtschiffe-neue-schiffsnamen/.

Der Fischer Weltalmanach (2008). Abgerufen am 1. Januar 2008 von http://www.weltalmanach.de/stichwort/stichwort_panama.html.

Deutscher ReiseVerband (DRV) (2009). *Fakten und Zahlen zum deutschen Reisemarkt 2008.* Berlin: Deutscher ReiseVerband.

Deutscher ReiseVerband (DRV) (2011). *Kreuzfahrtenmarkt wächst 2011.* Abgerufen am 27. Februar 2012 von http://www.drv.de/fachthemen/schiff/detail/article/132/kreuzfahrtenmarkt-waechst-2011-weiter-deutscher-reiseverband-verzeichnet-ueberdurchschnittliches-pl.html.

Diplomatische Vertretung der USA Deutschland (2007). Abgerufen am 14. Dezember 2007 von http://german.germany.usembassy.gov.

Embassy of the United States Bern Switzerland (2008). Abgerufen am 11. Februar 2012 von http://bern.usembassy.gov/deutsch.html.

Englishweb (2008). Abgerufen am 24. Januar 2008 von http://englishweb.de/bewerbungen/unterschiede.php.

FH-OOW (2011). Abgerufen am 7. Juli 2010 von http://www.fh-oow.de/fbs/.

Fortbildungszentrum Hafen Hamburg (2007). Abgerufen am 10. Januar 2007 von http://www.fzh.de.

Hochschule (2006). *Informationen für Studienanfänger, Studiengang SBT.* Bremerhaven.

Institut für Maritimen Tourismus (2008). Abgerufen am 5. Februar 2008 von http://www.imt.hs-bremerhaven.de/internet/index_db.php?g_id=2&s_id=165&lang=de.

International Association of Antartica Tour Operators (2008). Abgerufen am 24. Januar 2008 von http://www.iaato.org/index.html.

Marine (2012). Abgerufen am 16. Januar 2012 von http://www.marine.de.

Maritimes Kompetenzzentrum Elsfleth GmbH (2007). Abgerufen am 10. Januar 2007 von http://marikom-elsfleth.de/cms/index.php?menuid=1.

MARPOL (2008). Abgerufen am 1. Januar 2008 von http://www.bsh.de/de/Meeresdaten/Umweltschutz/MARPOL%20Umweltuebereinkommen/index.jsp.

Nasemann, Andrea (2007). *Richtig bewerben.* München: dtv Beck.

Pollak, Alf (1998). *Der Kreuzfahrten-Markt Deutschland 1998.* Frankfurt/M: DRV.

Privatschule für Navigation und Sicherheitslehrgänge (2007). Abgerufen am 10. Januar 2007 von http://www.sos-schroeer.de.

Schleswig-Holsteinische Seemannsschule (2007). Abgerufen am 10. Januar 2007 von http://seemannsschule-priwall.de/index.php.

Schiffe und Kreuzfahrten (2011). Abgerufen am 17. Februar 2012 von http://www.schiffe-und-kreuzfahrten.de/kreuzfahrtschiff-neubauten-in-2012-2013-2014-2015-und-2016/.

Schüßler, Otto (2001). *Passagier-Schifffahrt – Ein Handbuch für Reiseverkehrskaufleute in Ausbildung und Praxis. Ausführliche Informationen über Kreuzfahrten, Flusskreuzfahrten, Fährschiffe, Frachtschiffe, Boots- und Yachtreisen.* Frankfurt: DRV Service GmbH.

Seachefs (2008). Abgerufen am 11. Februar 2012 von http://www.seachefs.com.

Seatrade (2008). Abgerufen am 2. Juli 2009 von http://www.seatrade-europe.com.

Seeberufs-Genossenschaft (2009). Abgerufen am 18. Februar 2012 von http://www.see-bg.de/seeberufsgenossenschaft/adressen.

Service, U.D. (2004). *Managing Food Safety: A Guide for the Voluntary Use of HAACP Principles for Operators of Food Service and Retail Establishments.*

SOLAS (2008). Abgerufen am 1. Januar 2008 von http://www.bezreg-duesseldorf.nrw.de.

Statista (2010). Abgerufen am 19. Dezember 2011 von http://de.statista.com/themen/593/kreuzfahrt.

U.S. Department of Health and Human Services, F.a. (2004). *Managing Food Safety: A Guide for the Voluntary Use of HAACP Principles for Operators of Food Service and Retail Establishments.*

U.S. Embassy Vienna (2008). Abgerufen am 13. Februar 2012 von http://vienna.usembassy.gov/en/embassy.

Unievent (2008). Abgerufen am 24. Januar 2008 von http://unievent.de/karriere/karriere/auf_english_bewerben.html.

Van de Pol, Michael (2003). *Working on Cruise Ships.* Amsterdam: Book.

Ward, Douglas (2010). *Complete Guide to Cruising & Cruise Ships 2010.* London: Berlitz Publishing.

Wild, G. (2009). *Contribution of cruise tourism to the economies of europe.* Limited and Business Research & Economic Advisors. Abgerufen am 20. Februar 2012 von http://www.ashcroftandassociates.com/images/ECC-Report%5B3-LR%5D.pdf.

11. Bildnachweise

Buchcover

Titelbild: **Mein Schiff** – © TUI Cruises GmbH
Flusskreuzfahrtschiff – © Viking River Cruises

Rückseite: **Kellner auf dem Sonnendeck** – © Viking River Cruises
Damen in Uniform – © Viking River Cruises
Ziehende Köche – © G&P Cruise Hotel Management GmbH / Andreas Kolarik
Cabin Stewardess in der Kabine – © Seabourn Cruise Line Limited

Im Buch

S. 23 – **Hochseekreuzfahrtschiff** – © Daniela Fahr
S. 23 – **Unterwegs in der Karibik** – © Alexander Lukyanchuk
S. 23 – **Hochseekreuzfahrtschiff** – © Christoph Schädel
S. 23 – **Flussschiff Viking River Cruises** – © Katja Kriegbaum
S. 23 – **SeaDream II** – © Gerrit Cassel

S. 24 – **Die MS Millennium** – © Gerrit Cassel
S. 24 – **Hochseekreuzfahrtschiffe im Hafen von Italien** – © Gerrit Cassel
S. 24 – **Segelschiff im Mittelmeer** – © Gerrit Cassel
S. 24 – **Privatyacht** – © Gerrit Cassel
S. 24 – **Flusskreuzfahrtschiff Avalon Affinity** – © Avalon Waterways
S. 24 – **Seadream II** – © Gerrit Cassel

S. 25 – **Unterwegs auf der Amadea** – © Christoph Schädel
S. 25 – **Flusskreuzfahrtschiff Avalon Luminary** – © Avalon Waterways
S. 25 – **Star Princess** – © Gerrit Cassel

S. 26 – **Die SY Europa im Hafen** – © Christian Armster
S. 26 – **Der Corinth Kanal** – © Gerrit Cassel
S. 26 – **MS Mein Schiff in Estland** – © David Niebuhr

S. 39 – **Die Hygiene wird großgeschrieben** – © Daniela Fahr
S. 39 – **Restaurant der Queen Victoria** – © Daniela Fahr
S. 39 – **Außendeck der Premicon Queen** – © Daniela Fahr

S. 40 – **Restaurant auf einem Flusskreuzfahrtschiff** – © Daniela Fahr
S. 40 – **Poolbereich** – © Daniela Fahr
S. 40 – **Sonnendeck** – © Daniela Fahr
S. 40 – **Lobby Royal Caribbean Cruise Line** – © Daniela Fahr

S. 41 – **Fitnessbereich der Queen Victoria** – © Daniela Fahr
S. 41 – **Barbereich der Queen Mary 2** – © Daniela Fahr
S. 41 – **Schnitzkunst für das Buffet** – © Daniela Fahr
S. 41 – **Restaurant Freedom of the Seas** – © Daniela Fahr
S. 41 – **Pool-Deck SeaDream** – © SeaDream Yacht Club
S. 41 – **Minty Foot Massage auf dem Spa-Deck** – © SeaDream Yacht Club

S. 42 – **Service auf dem LIDO-Deck** – © Seabourn Cruise Line Limited
S. 42 – **Spa-Bereich auf einem Flusskreuzfahrtschiff** – © Avalon Waterways
S. 42 – **Restaurantbereich der Freedom of the Seas** – © Daniela Fahr

S. 43 – **Balinesische Traumbetten** – © SeaDream Yacht Club
S. 43 – **Service auf der SeaDream** – © SeaDream Yacht Club
S. 43 – **Restaurantbereich Hochseekreuzfahrtschiff** – © Daniela Fahr

S. 44 – **Suite Royal Caribbean Cruise Line** – © Daniela Fahr
S. 44 – **Restaurant Oceania Cruises** – © Daniela Fahr
S. 44 – **Bar- / Restaurantbereich der Premicon Queen (Flusskreuzfahrtschiff)** – © Daniela Fahr

S. 45 – **Die Erholung soll nicht zu kurz kommen** – © Gerrit Cassel
S. 45 – **Einkauf auf lokalem Markt** – © Viking River Cruises
S. 45 – **Spa-Bereich auf der Freedom of the Seas** – © Daniela Fahr
S. 45 – **Restaurant-Buffet der Freedom of the Seas** – © Daniela Fahr

S. 114 – **Gerrit Cassel als Chef de Partie unterwegs in der Karibik** – © Gerrit Cassel
S. 114 – **Christian Armster auf der Albatros** – © Christian Armster
S. 114 – **Wassersportangebote vom Schiff** – © SeaDream Yacht Club
S. 114 – **Knut Breidenbach, Cruise Director** – © Knut Breidenbach
S. 115 – **Service by the pool** – © SeaDream Yacht Club
S. 115 – **Christian Armster beim Einkauf der Ware** – © Christian Armster
S. 115 – **Landausflug in Mexiko** – © Gabriela Dolinska
S. 115 – **Weihnachten auf der MS Eurodam** – © Madeleine Moik

S. 116 – **SeaDream Crew** – © SeaDream Yacht Club
S. 116 – **Kabinenservice** – © Seabourn Cruise Line Limited
S. 116 – **Stefan Liebig auf den Osterinseln** – © Stefan Liebig

S. 117 – **Chillen in der Karibik** – © Gabriela Dolinska
S. 117 – **Service an der Bar** – © Seabourn Cruise Line Limited
S. 117 – **Knut Breidenbach bei der Arbeit** – © Knut Breidenbach
S. 117 – **Alexander Lukyanchuk unterwegs in Grönland** – © Alexander Lukyanchuk

S. 173/174 – **Bilder vom Sicherheitstraining in Rostock** – © AFZ Aus- und Fortbildungszentrum Rostock GmbH

S. 182 – **Beispiel einer Crewkabine – Flusskreuzfahrtschiff** – © Viking River Cruises

S. 188 – **Exkursion in der Antarktis** – © Christian Armster
S. 188 – **Nach dem Beachbarbecue** – © Gerrit Cassel
S. 188 – **Arbeiten in der Küche** – © Gerrit Cassel

S. 189 – **Lagerraum** – © Gerrit Cassel
S. 189 – **Außenbar SeaDream** – © SeaDream Yacht Club
S. 189 – **Salon der SeaDream** – © SeaDream Yacht Club
S. 189 – **Buffet in der „Crew Mess“**–© Madeleine Moik
S. 189 – **„Golf“ spielen an Bord**

S. 190 – **Einkaufspassage auf der Freedom of the Seas** – © Daniela Fahr
S. 190 – **Rettungsübungen unter echten Bedingungen** – © Christian Armster
S. 190 – **Unterwegs in Cartagena, Kolumbien** – © Christoph Schädel

S. 191 – **Vorbereitungen für das Dinner** – © Daniela Fahr
S. 191 – **Stürmische See** – © Stefan Liebig
S. 191 – **Sektempfang am Strand** – © SeaDream Yacht Club
S. 191 – **Berühmtes Ausflugsziel** – © Stefan Liebig
S. 191 – **Animation am Pool** – © Gerrit Cassel
S. 191 – **Südseefeeling** – © Stefan Liebig